啓明館が紡《つむ》ぐ ことばの学習

小学国語

赤シートで学力アップ

漢字・熟語／ことわざ・慣用句／文法

基礎篇（知識の泉）

はじめに

「ことばの学習　基礎篇」は一つの参考書―中学入試の国語における、知識分野の入門編です。中学入試に向けてスタートしようとするみなさんが、「ことば」について、どんなことを学べばいいのかを知るためのきっかけをつくってくれることをねがっています。

しかし、「ことばの学習」が、入試のためだけにあると思ってほしくはありません。この本を手にしてくれたみなさんの「ことば」の世界を大きくひろげていくことが大きな目的です。

わたしたちはいつも「ことば」を使っています。「ことば」なしにくらしていくことはできません。なぜでしょう？　わたしたちはおたがいの考えや気持ちを伝え合う手段として、「ことば」を使っているからです。身ぶりや手ぶりという方法もあるでしょうが、ほとんどは「ことば」をなかだちにしています。そして、「ことば」を文字として表すことによって、遠くの人や後の世に伝えることもできます。わたしたちが読んでいる本も、そんな形で手元にあることはいうまでもありません。

ですから、「ことば」を学習することは、おたがいをより深く理解しあうことにつながっていきます。また、文章をより深く読み取ることにつながります。

そんな、みなさんの「ことばの学習」の手助けの一つになりたいと願って、この本を世に送り出します。

この本の副題は「知識の泉」。まずは泉から水がわきだすように、少しずつ少しずつ「ことば」の数をふやし、ためていってください。

その泉があふれて、大海原へとつながっていきますように……。

〔この本の使い方〕

●まずは学習したい項目の「解説」をよく読んでください。理解したかどうかは、「要点のまとめ」で確認しましょう。そして、「練習問題」を通して定着度をはかってください。ここで終わりではありません。まちがえたところを中心に、もう一度「解説」の部分にもどりましょう。

●「赤シート」がついています。「要点のまとめ」や「資料」の学習に役立ててください。

●最後に「入試問題にチャレンジ！」があります。つちかった実力を試してみてください。

●もし、わからない「ことば」があったら、辞書を引いてください。第一章の前に、「国語辞典の引き方」があります。みなさんが自分から学習することが大切です。

〔キャラクター紹介〕

表紙にあげた四つの漢字は、起源となった絵や漢字になる途中のようすが表されています。亀と兎の漢字から生まれた二つのキャラクターにも目をむけてください。これから、この二匹がみなさんの学習のお手伝いをします。名前がないとかわいそうなので、次のような名前が一応つけられています。センスが無いなと思ったら、みなさんで名づけてかわいがってください。

ミミ子先生…新しいことを解説するのが、仕事です。どんなこともてきぱきと進めることが好きです。

カメ吉…ミミ子先生の解説をまとめたり、助けたりするのが仕事です。ゆっくりでもいいから、確実に何かをすることが好きです。

二人のイニシャルをとって、「ＫＭコンビ」。なぜ、「ＭＫ」ではダメなんだろうと思った人がいるかもしれません。深い意味はありません。この本をつくったのが「啓明舎―ＫｅｉＭｅｉ舎」だからです。

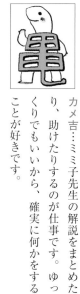

国語辞典《じてん》の引き方～ことばの学習をはじめる前に～

ことばの学習をしていると、たくさんの新しいことばに出会います。出会ったことばの意味《いみ》がわからない場合は、国語辞典を引いて意味を調《しら》べましょう。

国語辞典は「あいうえおかきくけこ…」の順《じゅん》（五十音順といいます）に見出し語がのっています。一番目の音が同じ音で始《はじ》まることばがたくさんのっていますので、二番目の音、三番目の音…と見てさがします。二番目より後の音も、五十音順にのっています。五十音順で判断《はんだん》できない場合には、次のような決まりがあるのでおぼえておきましょう。

1 にごらない音（清音《せいおん》）と、「が・ざ・だ・ば」行のにごる音（だく音）では、にごらない音が先にのっています。

2 「が・ざ・だ・ば」行のにごる音と、「ぱ・ぴ・ぷ・ぺ・ぽ」行の音（半だく音）では、「が・ざ・だ・ば」行のにごる音が先にのっています。

3 大きく書く文字と小さく書く文字では、大きく書く文字が先にのっています。たとえば、「つ」と「っ」（そく音）では「つ」が先、「や」と「ゃ」（よう音）では、「や」が先ということです。

例えば、「かめ」・「かべ」・「がっこう」・「かへい」・「かっぱ」という五つのことばは、「がっこう」↓「かっぱ」↓「かべ」↓「かへい」↓「かめ」の順にのっています。

【例】

かっこ【括弧】《カッコ》 文字をかこんで、他の部分と区別するしるし。（ ）〔 〕「 」など。

かっこう【格好】《カッコー》 ①すがた、形。ていさい。②ちょうど合うようす。

かっこう【郭公】《カッコー》 ハトより少し小さくて、体はうすいかっ色の鳥。

がっこう【学校】《ガッコー》 しょうらい、社会の中でひとり立ちできるように、児童・生徒・学生を集めて、ある決まった年月の間、先生たちが知識や技術を教える所。

かっこく【各国】《カッコク》 それぞれの国。国々。

練習問題（赤シートを使いましょう。）

「バス」・「パイナップル」・「ハンモック」・「はっけん」・「はつもうで」・「パス」という六つのことばは、国語辞典ではどういう順にのっているでしょうか。順番にならべかえてみましょう。

① パイナップル → ② バス → ③ パス → ④ はっけん →

⑤ はつもうで → ⑥ ハンモック の順

啓明舎が紡ぐ　小学国語

ことばの学習

基《き》礎《そ》篇《へん》（知識の泉）

●もくじ●

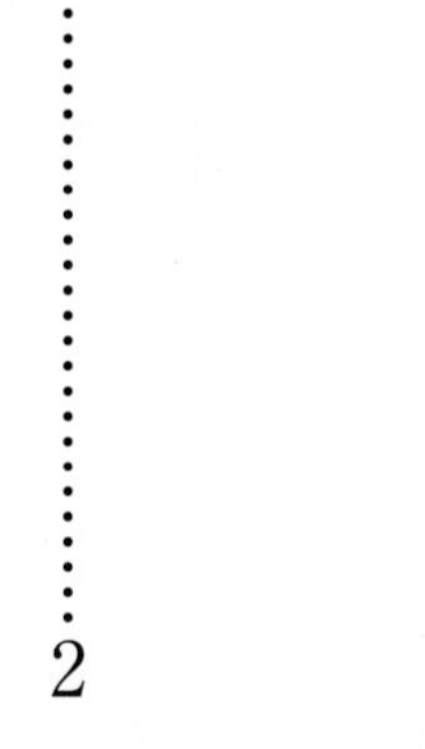

第一章　かなづかい

学習のねらい
「じ」と「ぢ」、「ず」と「づ」の使いわけや「オ」列の長音を学びます。

かなづかいとは、話しことばをかなで書き表《あらわ》すときのきまりのことです。ふつうは発音《はつおん》通りに書きますが、例外《れいがい》やまぎらわしい場合があるので、注意《ちゅうい》が必要《ひつよう》です。

かなづかいのきまり

1 のばす音

①ア・イ・ウ・エ列《れつ》の長音《ちょうおん》

長音（長くのばす音）はそれぞれ「あ」「い」「う」「え」をつけて表します。

例　おかあさん　にいさん　くうき　おねえさん

⚠注意▼漢字《かんじ》の音《おん》からきた「エー」などは「い」をつけて書く場合があります。

例　えいゆう（英雄）　けいかく（計画）
ていか（定価）　ていねい（丁寧）

⚠注意▼「言う」は「ゆう」ではなく「いう」と書きます。

②オ列の長音…特に注意が必要です。

(1)オ列のかなに「う」をそえるのがふつうです。

例　とうさん　おうさま　おうむ　とうだい（灯台）
わこうど（若人）　きょう（今日）　とうげ（峠）
かおう（買おう）　あそぼう（遊ぼう）

(2)オ列のかなに「お」をそえる場合があります。

例　おおい（多い）　おおう（覆う）　おおかみ
おおやけ（公）　おおよそ　おおきい（大きい）
こおり（氷）　こおる（凍る）　こおろぎ

とお（十）　とおい（遠い）　とおる（通る）
ほお（頬）　ほのお（炎）　ほおずき

2 「じ」と「ぢ」・「ず」と「づ」

「ジ」「ズ」の音はふつう「じ」「ず」と書きますが、次のような語は、「ぢ」「づ」を用いて書くので注意が必要です。

(1) 同音が続《つづ》くことによって生じた「ぢ」「づ」

例
ちぢみ（縮み）　ちぢむ　ちぢれる　つづみ（鼓）
つづら　つづる　つづく（続く）

(2) 二語が結《むす》びつくことによって生じた「ぢ」「づ」

例
はなぢ（鼻血）　そこぢから（底力）
いれぢえ（入れ知恵）　ゆのみぢゃわん
まぢか（間近）　こぢんまり
ちかぢか（近々）　ちりぢり
みかづき（三日月）　たけづつ（竹筒）
たづな（手綱）　ひづめ
おこづかい（小遣い）　てづくり（手作り）
こづつみ（小包）　かんづめ
はたらきづめ　かたづく
こづく（小突く）　もとづく
うらづける　ゆきづまる
ねばりづよい　つねづね（常々）
つくづく　つれづれ

注意 まぎらわしい「じ」と「ぢ」、「ず」と「づ」は、一つ一つしっかり覚《おぼ》えましょう。

例
かたず（固唾）　いなずま（稲妻）
ぬのじ（布地）　きずな（絆）
さかずき（杯）　おとずれる（訪れる）
うなずく　ほおずき
つまずく　ひとりずつ
じめん（地面）　じしん（地震）
せかいじゅう（世界中）

3 「を」「は」「へ」

助詞《じょし》の「を」「は」「へ」は「オ」「ワ」「エ」と発音しますが、表記《ひょうき》するときには、「を」「は」「へ」と書きます。

例
○ ぼくは本屋《ほんや》へ行って本を買った。
× ぼくわ本屋え行って本お買った。

第一章　かなづかい

要点のまとめ

赤シートを使って復習しましょう。

◆言うはゆうではなくいうと書く。
◆オ列の長音はふつうオ列のかなに「う」をそえる。
⇩おとうさん・おうさま・きょう・とうげ
◆オ列の長音はオ列のかなに「お」をそえることもある。
⇩おおい・おおかみ・とおり・とおい
◆同音が続いた時の「ぢ」「づ」
⇩ちぢみ・つづみ・つづる・つづく
◆二語が結びついた時の「ぢ」「づ」
⇩はなぢ・まぢか・おこづかい・こづつみ
◆助詞の「を」「は」「へ」は「オ」「ワ」「エ」と発音するが、「を」「は」「へ」と書く。
⇩ぼくは家へ帰るとちゅうに落《おと》し物《もの》をした。

練習問題

① 次の(1)～(6)の文にかなづかいのまちがいがあれば、その字の右側《がわ》に――線をひいて、下の（　）に正しい字を書きなさい。まちがいがない場合は、下の（　）に○を書きなさい。

(1) 秋のもみぢは美しい。（　　）
(2) とおくの山々が見える。（　　）
(3) てえねいなことばづかいをする。（　　）
(4) 選手を元気ずける。（　　）
(5) 思ったことを文につづる。（　　）
(6) 山田とゆう男の人が家に来た。（　　）

② 次の（　）内からかなづかいの正しいものをえらび、○をつけなさい。

A　少し（づつ・ずつ）でも毎日（つづけて・つずけて）（やりとうす・やりとおす）ことは、とても（むづかしい・むずかしい）ことだ。

B（ちかぢか・ちかじか）、わたし（は・わ）、兄さんと、（とうさん・とおさん）のいなか（え・へ）行きたいと思います。

③ **次のかなづかいについて正しい方の記号《きごう》を○でかこみなさい。**

(1) ア ちぢむ　イ ちじむ

(2) ア めずらしい　イ めづらしい

(3) ア はなぢ　イ はなじ

(4) ア いいずらい　イ いいづらい

(5) ア つまずく　イ つまづく

(6) ア ぢしん　イ じしん

(7) ア かんづめ　イ かんずめ

(8) ア みじかい　イ みぢかい（短い）

(9) ア おうさま　イ おおさま

(10) ア こうり　イ こおり（氷）

(11) ア おうらい　イ おおらい（往来）

(12) ア とう　イ とお（十）

(13) ア とおり　イ とうり（通り）

(14) ア おおい　イ おうい（多い）

(15) ア おうきい　イ おおきい

(16) ア とうぜん　イ とおぜん

第二章　送《おく》りがな

学習のねらい
漢字を書くときに正しい送りがなを使えるようにしましょう。

漢《かん》字は、最初《さいしょ》から日本語を表《あらわ》すために作られたひらがな・カタカナとちがって、それだけで日本語の文章を書き表すことができるわけではありません。たとえば、「アルク」ことを表す漢字は「歩」という字ですが、「ホ」と読む場合（音読み）には漢字だけでかまわないのですが、「あるく」と読む場合（訓《くん》読み）は漢字とかなをまぜて「歩く」と書かなければなりません。この時漢字につけるかなを「送りがな」とよびます。例外《れいがい》も多いのでしっかり覚《おぼ》えましょう。

送りがなのきまり

1 活用のある（形が変《か》わる）語の送りがな

活用のある語は次の(1)~(3)の三種類にわけられます。

(1)「走る」／「起《お》きる」→「はしるゥ」「おきるゥ」
⇩「ウ」の音で終《お》わる＝**動作《どうさ》を表すことば**

(2)「白い」／「美《うつく》しい」→「しろい」「うつくしい」
⇩「い」の音で終わる＝**様子《ようす》を表すことば**

(3)「親切だ」／「静《しず》かだ」→「しんせつだ」「しずかだ」
⇩「だ」の音で終わる＝**様子を表すことば**

(1)動作を表すことば・終わりが「ウ」
A「はしる」＋「ない」＝「はしらない」
▼「ない」のすぐ上の文字がもとの語と変わるもの
⇩共通《きょうつう》する部分《ぶぶん》「はし」を漢字で書く。《走る》
B「おきる」＋「ない」＝「おきない」
▼「ない」のすぐ上の文字がもとの語と変わらないもの
⇩「ない」の一つ上の字から送りがなになる。《起きる》

例
A群《ぐん》の例…書く・飲《の》む・泳《およ》ぐ・遊《あそ》ぶ・立つ・乗る
B群の例…消《き》える・負《ま》ける・上げる

(2)様子を表すことば・終わりが「い」
A「しろい」＋「ない」＝「しろ　くない」
⇩「くない」の上を漢字で書く。《白い》
B「うつくしい」＋「ない」＝「うつく　しくない」
⇩「しくない」の上を漢字で書く。《美しい》

例
A群の例…強い・高い・短《みじか》い
A群の例外…大きい・少ない・明るい・冷《つめ》たい
温《あたた》かい
B群の例…新しい・苦《くる》しい
B群の例外…勇《いさ》ましい

(3)様子を表すことば・終わりが「だ」
A「親切だ」＋「ない」＝「しんせつ　でない」
…「でない」の上を漢字で書く。
B「静かだ」＋「ない」＝「しず　かでない」
…「でない」の一つ上の文字から送りがなになる。

例
A群の例…元気だ・楽だ・変《へん》だ
B群の例…細かだ・暖《あたた》かだ
例外…軽《かろ》やかだ・晴れやかだ・清《きよ》らかだ・高らかだ・明らかだ

2 その他《た》の注意《ちゅうい》が必要《ひつよう》なことば

必《かなら》ず・少し・小さな・後ろ・幸《さいわ》い・幸《しあわ》せ・勢《いきお》い
晴れ・答え・通り・休み・全《まった》く

知識《ちしき》のしずく

送りがなにきまりはあるの？

昭和《しょうわ》四十八年に国が定《さだ》めた「送りがなの付け方」（三省堂刊『新しい国語表記《ひょうき》のハンドブック』などに収録《しゅうろく》）があります。しかし、例外の多いものなので、**ふだんの学習《がくしゅう》の中で一つ一つ覚えましょう。**

要点のまとめ

赤シートを使って復習しましょう。

- ◆かみの毛を短く切る。
- ◆荷物《にもつ》をたなに上げる。
- ◆新しい年をむかえる。
- ◆元気で、明るい性格《せいかく》。
- ◆美しい景色《けしき》を見る。
- ◆質問《しつもん》に答える。
- ◆お金が少ししかない。
- ◆宿題《しゅくだい》は必ずやってきなさい。

練習問題

① 次のことばの中で送りがなの正しいものの記号《きごう》を○でかこみなさい。

(1) ア 冷めたい　イ 冷たい　ウ 冷い
(2) ア 考る　イ 考える　ウ 考がえる
(3) ア 集つまる　イ 集まる　ウ 集る
(4) ア 聞こえる　イ 聞える　ウ 聞る
(5) ア 終わる　イ 終る
(6) ア 少くない　イ 少ない　ウ 少い
(7) ア 覚ぼえる　イ 覚える　ウ 覚る
(8) ア 喜ぶ　イ 喜こぶ　ウ 喜ろこぶ
(9) ア 温たかい　イ 温かい　ウ 温い
(10) ア 行こなう　イ 行なう　ウ 行う

② 次のことばの中で送りがなの正しいものの記号を○でかこみなさい。

(1) ア 必ならず　イ 必らず　ウ 必ず

(2) ア 後しろ　イ 後ろ　ウ 後

(3) ア 幸いわい　イ 幸わい　ウ 幸い

(4) ア 楽のしさ　イ 楽しさ　ウ 楽さ

(5) ア 打ち合わせ　イ 打合わせ　ウ 打合せ

(6) ア 生まれる　イ 生れる　ウ 生る

(7) ア 連らなる　イ 連なる　ウ 連る

(8) ア 納さめる　イ 納める　ウ 納る

(9) ア 調らべる　イ 調べる　ウ 調る

(10) ア 省りみる　イ 省みる　ウ 省る

③ 次の文の（　）の語に、正しい送りがなをつけなさい。（読み方はヒントを参考《さんこう》にしましょう。）

(1) 細（　　）砂《すな》つぶ。（ヒント・こまかい）

(2) 細（　　）ひも。（ヒント・ほそい）

(3) 車を動（　　）。（ヒント・うごかす）

(4) 車が動（　　）。（ヒント・うごく）

(5) 夜が明（　　）。（ヒント・あける）

(6) 月の光が明（　　）。（ヒント・あかるい）

(7) 苦（　　）くすり。（ヒント・にがい）

(8) 病《びょう》気《き》に苦（　　）。（ヒント・くるしむ）

(9) 新（　　）ノート。（ヒント・あたらしい）

(10) 新（　　）決《けつ》意《い》する。（ヒント・あらたに）

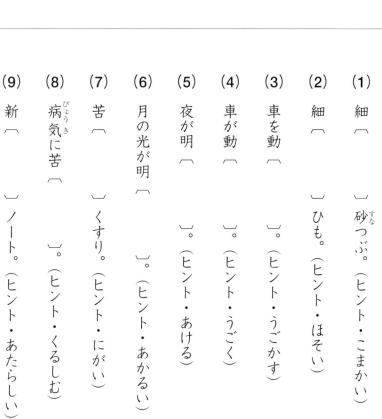

第三章　漢字《かんじ》

学習のねらい
漢字がどのようにできたか、部首、画数、筆順などを学び、漢字に親しみましょう。

漢字は中国から伝えられたもので、ひらがなやカタカナは、この漢字をもとにして日本で作られたものです。ひらがな・カタカナは**表音文字**《ひょうおんもじ》といい、それぞれの文字は一定《いってい》の発音《はつおん》だけを示《しめ》します。それに対して漢字は**表意文字**《ひょういもじ》とよばれており、音を表《あらわ》すだけでなく、それぞれ決まった意味内容《いみないよう》を持《も》っています。

1　漢字のできかた

漢字のでき方や使《つか》い方の原則《げんそく》は、六つに分けられており、これを「六書《りくしょ》」とよびます。

(1) 象形文字《しょうけいもじ》＝物《もの》のすがたや形をかんたんに、絵のようにかたどって表現《ひょうげん》した文字。

(2) 指事文字《しじもじ》＝数・位置《いち》など形で表せない抽象的《ちゅうしょうてき》なことがらを点や線を用いたり、象形文字の特定《とくてい》の部分《ぶぶん》にしるしをつけたりして作られた文字。

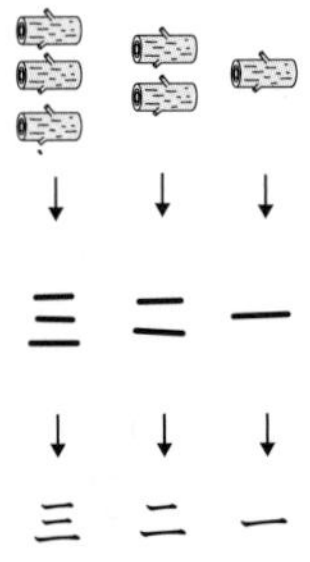

例

一・二・三⇨それぞれの横線《よこせん》でもって棒《ぼう》の数を示したもの

上・下⇨ある基準《きじゅん》となるものより「うえ」か「した」かを示したもの

(3) 会意文字《かいい》＝今まで作られた文字（象形・指事）を二つ以上組み合わせて、特定の意味と発音とを表した文字。

例

明⇩日と月で「あかるい」という意味。

林⇩象形文字の「木」を二つならべて平地の上の樹木《じゅもく》がむらがり立った所《ところ》という意味。

男⇩田＋力

炎《ほのお》⇩火＋火

中国の会意文字と同じ作り方で、日本で作られた文字を「国字《こくじ》」とよびます。

例

畑《はたけ》⇩火＋田　峠《とうげ》⇩山＋上＋下

(4) 形声文字＝意味を表す文字と、発音をしめす文字とを組みあわせて新しい意味をしめすように作られた文字。

漢字全体《ぜんたい》の約《やく》九割《わり》がこの形声文字です。

例

時⇩寺の音読みは「ジ」、「日」と合わせて「時」。太陽《たいよう》が動《うご》いていく時間という意味を持つようになりました。

(5) 転注《てんちゅう》＝文字の本来の意味から流用《りゅうよう》されて、それと関連《かんれん》のある意味内容を表すようにする方法《ほうほう》。

例

楽⇩楽はもとは、「音楽」の意味。音楽は人を楽しませるので「たのしい」という意味を表すようになりました。

(6) 仮借《かしゃ》＝文字の本来の意味とは全《まった》く関係《かんけい》がなく、発音だけを借《か》りて別《べつ》のものやことがらをしめす方法。

例

亜米利加（アメリカ）・仏蘭西（フランス）

英吉利（イギリス）・独逸（ドイツ）

伊太利（イタリア）・基督（キリスト）

阿弥陀（あみだ）・成吉思汗（ジンギスカン）

2 漢字の部首

1 へん 原則として漢字の左側《ひだりがわ》の部分

部首	名称	意味	例
亻	にんべん	人の動作・性質《せいしつ》	休・住
冫	にすい	氷《こおり》・寒《さむ》さ	冷・凍
口	くちへん	口・声	味・吸
土	つちへん	地面《じめん》	埋・坂
女	おんなへん	女性・血縁《けつえん》	好・婚
弓	ゆみへん	弓	引・強
彳	ぎょうにんべん	道・歩行	往・径
忄	りっしんべん	心の働《はたら》き	快・情
扌	てへん	手の動作	持・投
氵	さんずい	水の流《なが》れ	浅・江
阝	こざとへん	丘《おか》・土地	陵・階
犭	けものへん	動物《どうぶつ》・狩猟《しゅりょう》	獲・猫

部首	名称	意味	例
木	きへん	木	材・校
火	ひへん	火	焼・煙
礻	しめすへん	神《かみ》・祭《まつ》り	社・祈
目	めへん	見ること	眼・瞬
禾	のぎへん	穀物《こくもつ》	税・秋
衤	ころもへん	衣服《いふく》	被・裸
糸	いとへん	糸・織物《おりもの》	組・維
言	ごんべん	ことば	話・記
貝	かいへん	お金	貯・財
⻊	あしへん	足の動作	路・跡
車	くるまへん	車	転・軌
酉	とりへん	酒《さか》つぼ	酔・配
日	ひへん	日・時間・明暗《めいあん》	昨・暗
月	つきへん・つき	月・時間	朝・期
月	にくづき	身体《しんたい》・内臓《ないぞう》	腸・肥
巾	はばへん	布《ぬの》	希・帳
金	かねへん	金属《きんぞく》	鉄・鋼
飠	しょくへん	食物《しょくもつ》・飲食《いんしょく》	飯・飲
魚	うおへん	魚	鯉・鮮

2 つくり　原則として漢字の右側の部分

部首	名称	意味	例
刂	りっとう	刀	列・刈
卩	ふしづくり	印《しるし》	印・卸
力	ちから	力・働き	動・功
彡	さんづくり	模様《もよう》	彩・形
阝	おおざと	地名・居住地《きょじゅうち》	郡・郊
斤	おのづくり	おの・切る	新・断
欠	あくび	口の動き	歌・欲
殳	るまた	打《う》つ動作	段・殴
戈	ほこづくり	武器《ぶき》のほこ	戦・成
隹	ふるとり	小鳥の種類《しゅるい》・状態《じょうたい》	雄・集
頁	おおがい	人の頭・顔	頂・額

3 かんむり　漢字の上の部分

部首	名称	意味	例
亠	なべぶた	特《とく》に意味はない	交・京
冖	わかんむり	上からおおう	写・冠
宀	うかんむり	家・屋根《やね》	宅・家
艹	くさかんむり	草・植物《しょくぶつ》	葉・芽
耂	おいかんむり	老人《ろうじん》	孝・考
穴	あなかんむり	穴《あな》	空・突
癶	はつがしら	行くこと	登・発
⺮	たけかんむり	竹	節・第
⻗	あめかんむり	雨・水分	雷・雲

4 あし　漢字の下の部分

部首	名称	意味	例
儿	ひとあし（にんにょう）	人のありさま	兄・児
灬	れっか・れんが	火・熱《ねつ》	烈・煮
心	したごころ	心の働き	忘・思
皿	さら	はばの広い器《うつわ》	盆・盤

5 たれ　漢字の上部から左下にたれている部分

部首	名称	意味	例
厂	がんだれ	がけ・石・岩	厚・原
广	まだれ	家・屋根	床・広
尸	しかばね	人・体（しり）	居・尾
疒	やまいだれ	病気《びょうき》	痛・疲

6 にょう　漢字の左側から下にめぐっている部分

部首	名称	意味	例
辶	しんにょ（ゆ）う	進行《しんこう》・道路《どうろ》	近・送
廴	えんにょう	道路・延《の》ばす	延・廷
走	そうにょう	走る動作	起・超

7 かまえ　漢字の中心部を囲む部分

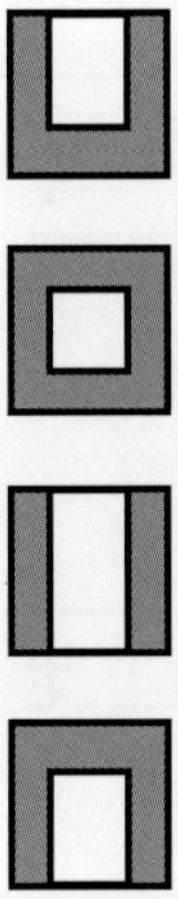

部首	名称	意味	例
凵	うけばこ	容器《ようき》の形・くぼみ	凶・出
囗	くにがまえ	囲《かこ》むこと	囲・因
行	ゆきがまえ	行為《こうい》・歩行	術・衛
門	もんがまえ	入口・外囲い	関・閉

8 部首の持つ意味から漢字の意味を考えてみよう

持

部首は「扌」〈てへん〉で手に関係があります。寺は「はたらく・つかう」の意味を表します。そこで「手を使う」の意味から「もつ」の意味を表すようになりました。

例 所持《しょじ》・持病《じびょう》・支持《しじ》・持久《じきゅう》

想

部首は「心」〈こころ〉で「こころ」に関係があります。相は「形・すがた」の意味を表します。したがって、「心に形・すがたを思いうかべる」から「おもう」の意味となりました。

例 想像《そうぞう》・予想《よそう》・空想・回想・想定《そうてい》

働

部首は「イ」〈にんべん〉で人が「動く」から「はたらく」の意味となりました。

例 労働《ろうどう》

※「働」は、日本で作られた漢字で、このような漢字を「国字」といいます。

例 畑・峠《とうげ》・裃《かみしも》・鮎《あゆ》・萩《はぎ》

育

上半部は子を逆転《ぎゃくてん》した形で、子が生まれるという意味。「月」（＝肉）を加えて、子を生み、またそだてる意味となりました。

例 育英《いくえい》・育児《いくじ》・育成《いくせい》

胃

上半部は食物のつまったふくろの象形。「月」（＝肉）を加えて、いぶくろの意味となりました。

知識《ちしき》のしずく

つきへんとにくづきはどうちがうの？

現在では区別《くべつ》されませんが、もとは別の部首です。つきへんはその名の通り、空にある月や時間を表しますが、にくづきは「肉」を省略《しょうりゃく》した形ですから、体に関することがらを表すのです。

3 漢字の画数

漢字を組み立てている一つ一つの点や線を画、一つの漢字を組み立てている画を合計したものを総画数《そうかくすう》といいます。

注意《ちゅうい》が必要《ひつよう》な画数

・「比」は四画で書きます。
・しんにゅうは三画で書きます。
・こざとへん・おおざとは三画で書きます。
・「子」は三画で書きます。

4 漢字の筆順

筆順《ひつじゅん》とは、漢字の一点一画がつぎつぎに重《かさ》ねられて一つの文字が書きあげられる順序《じゅんじょ》のことです。原則は一応《いちおう》決《き》まっていますが、例外的《れいがいてき》なものも多いので、漢字練習《れんしゅう》のときに気をつけて、しっかりと覚《おぼ》えるようにしましょう。

○上から下へ（工・言・客）
○左から右へ（川・林・脈）
○横画がさき（十・共・用・井）
○横画があと（田・由・王・馬）
○中央《ちゅうおう》がさき（小・水・赤・業）
　〈例外〉忄（りっしんべん）・火
○外側がさき（国・同・日・月）
　〈例外〉歯・可・区・医
○左はらいがさき（文・人・入）
○にょうはあと（近・建・直）
　〈例外〉起・題・処
○つらぬくたて画は最後《さいご》（中・申・筆）
　〈例外〉重・里
○つらぬく横《よこ》画は最後（女・子・母）
　〈例外〉世
○（横画と左はらいがあるとき）
　┌長い横画はあと（右・有・布・希）
　└短《みじか》い横画はさき（左・存・在・友）

特に気をつけるべき筆順の漢字

漢字	書き順
右	ノ ナ 𠂇 右 右 （一 ナ 𠂇 左 左）
女	く 夂 女
九	ノ 九
上	丨 ト 上
耳	一 丆 下 巨 巨 耳
原	一 厂 厂 厂 历 盾 盾 原 原 原
馬	丨 厂 冂 用 甲 馬 馬 馬 馬 馬
書	フ ヨ ヨ ヨ 聿 聿 聿 書 書 書
長	丨 厂 F F 巨 長 長 長
母	L 口 口 母 母
方	丶 亠 亍 方
発	フ ヌ ヌ ヌ ヌ 癶 癶 癸 発
世	一 十 廾 廿 世
区	一 ア ヌ 区
乗	一 二 三 千 乖 乖 乗 乗 乗
庭	丶 亠 广 广 庀 庄 庄 庭 庭 庭

漢字	書き順
曲	丨 冂 巾 曲 曲 曲
皮	ノ 厂 广 皮 皮
開	丨 冂 𠃌 門 門 門 門 門 閂 閂 開 開
歯	丨 ト 止 止 止 止 齿 齿 齿 齿 歯 歯
及	ノ 乃 及
式	一 二 亍 工 式 式
集	ノ イ 亻 什 什 隹 隹 隹 隹 集 集 集
必	丶 ソ 义 必 必
成	ノ 厂 万 成 成 成
飛	⺄ ⺄ ⺄ 飞 飛 飛 飛 飛 飛
臣	丨 厂 厂 历 臣 臣 臣
無	ノ 𠂉 二 仁 年 無 無 無 無 無 無 無
帯	一 十 卄 卌 卌 卌 卌 带 帯 帯
希	ノ メ メ 产 产 希 希
博	一 十 十 忄 忄 忄 忄 忄 博 博 博 博
非	ノ 丿 扌 扌 非 非 非 非

5 漢和辞典

漢和辞典《じてん》の引き方には、(1)部首索引《さくいん》・(2)音訓索引・(3)総画索引の三種類があります。

(1)部首索引（ぶしゅさくいん）の引き方

⇩調べたい漢字の読み方はわからないが部首がわかっている場合に使います。

①まず、調《しら》べたい漢字の部首を、扉《とびら》の裏《うら》にある部首索引からさがしだし、（部首は画数順）そのページを引きます。

②その部首に属《ぞく》する漢字が画数順にならんでいるので、部首以外《いがい》の部分の画数を数えて、字をさがします。

(2)音訓索引（おんくんさくいん）の引き方

⇩調べたい漢字の音読みでも訓《くん》読みでもよいから、何か一つの読みがわかっている場合に使います。

①その漢字について、自分の知っている読みで音訓索引を引きます（五十音順）。

②あとは、そこにあるページを引きます。そのとき、できるだけ訓読みで引きましょう。同音異義語《いぎ》（音読みが同じで、意味がちがう語）は多いので、さがすのが大変《たいへん》です。しかし、同訓異義語（訓読みが同じで、意味がちがう語）はそんなに多くはないので、さがすのが少しは楽だからです。

(3)総画索引（そうかくさくいん）の引き方

⇩調べたい漢字の部首も読みもわからない場合に使います。

これは漢字が総画数にしたがってならんでいるだけなので、とくに引き方はありません。

ただし、たくさんならんでいる同じ画数の漢字の中から調べたい漢字をさがすのは大変なので、できるだけ(1)部首索引、(2)音訓索引を使うのがよいでしょう。同じ画数の漢字は部首の画数の順にならんでいるのがふつうです。

第三章　漢字

要点のまとめ

赤シートを使って復習しましょう。

◆物の形をかたどった絵文字からできあがった文字を、〔象　形〕文字という。たとえば、は鳥を表す。

◆形がなくて絵に書くことができない「ことがら」を点や線を使って表した文字を〔指　事〕文字という。

◆「〔会　意〕」とは「意味をあわせる」という意味で、漢字を二つ以上組み合わせて新しい意味を持たせた文字が〔会　意〕文字である。

◆意味を表す部分と音をしめす部分を組み合わせて作った文字を「〔形　声〕文字」という。漢字の90％近くがこの「〔形　声〕文字」。

練習問題

① 次の漢字の部首名をひらがなで書きなさい。

(1) 病　(2) 銀　(3) 帳　(4) 行　(5) 階

(6) 次　(7) 雲　(8) 都　(9) 利　(10) 老

(1)	(3)	(5)	(7)	(9)
(2)	(4)	(6)	(8)	(10)

② 次の漢字の画数を、それぞれの（　）の中に書きなさい。

(1) 郡（　　）　(2) 強（　　）
(3) 氷（　　）　(4) 帯（　　）
(5) 機（　　）　(6) 級（　　）
(7) 歯（　　）　(8) 類（　　）

③ 次の漢字を漢和辞典で引くときの部首名をひらがなで書き、その部首をのぞいた画数を書きなさい。

例 休→にんべん・4

(1) 熱　(2) 兄　(3) 散
(4) 建　(5) 聞　(6) 悪

(1)	・
(2)	・
(3)	・
(4)	・
(5)	・
(6)	・

④ 次の文は、漢和辞典の引き方について説明《せつめい》した文です。(1)～(5)に入ることばを後からえらび、それぞれ記号《きごう》で答えなさい。

漢和辞典の引き方には、画数だけをもとに引く「(1)さくいん」や、「(2)さくいん」、また、読みがわかっているときに使う「(3)さくいん」という三種類の引き方がある。

もっともよく使われるのは、「(2)さくいん」で、これは(2)と、それをのぞいた部分の(4)をもとにして引くものである。たとえば、「給」という字を引くときは、「糸（いとへん）」の(5)画で引く。

ア 部首　イ 六　ウ 総画《そうかく》
エ 音訓　オ 画数　カ 十二

(1)	
(2)	
(3)	
(4)	
(5)	

⑤ 次の漢字の調べ方の表の①〜⑩に適当《てきとう》なものを入れ、表を完成《かんせい》させなさい。②③⑤⑥⑦はひらがな、④⑨は算用数字、①⑧⑩はカタカナで答えなさい。

漢字	部首さくいん	総画さくいん	音・訓さくいん（音）	音・訓さくいん（訓）
待	ぎょうにんべん	9	〔　①　〕	〔　②　〕
願	〔　③　〕	〔　④　〕	ガン	ねがう
登	〔　⑤　〕	12	トウ・ト	〔　⑥　〕
固	〔　⑦　〕	8	〔　⑧　〕	かたい
究	あなかんむり	〔　⑨　〕	〔　⑩　〕	きわめる

⑥ 次の漢字の↓印で示したところは、何画目に書きますか。算用数字で答えなさい。

(1)	(6)	(11)
(2)	(7)	(12)
(3)	(8)	(13)
(4)	(9)	(14)
(5)	(10)	(15)

第四章　漢字《かんじ》の読み方（音読みと訓《くん》読み）

学習のねらい
漢字の二つの読み方、「音読み」と「訓読み」を学びます。

　千五百年ほど前までの日本には、書き記《しる》すための「文字」がなく、人々《ひとびと》は話す「ことば」で、ものの名前やことがらを言い表《あらわ》していました。そこに、中国や朝鮮《ちょうせん》の高い文化《ぶんか》をもった人がやってきて、日本に漢字を伝《つた》えました。「漢字」とは、二千年ほど前に中国にあった「漢」という国で使《つか》われていた文字という意味《いみ》です。

　たとえば、それまで日本で高くそびえたつ土地は「やま」と言っていました。そこへ、「やま」を表す中国のことば「山」が「サン」という読み方で伝わってきました。そこで、「山」という一つの漢字に対《たい》して、中国式《しき》の読み方「サン」と、日本にもともとあった読み方「やま」という二つの読み方ができました。「サン」のような**中国式の読み方を「訓読み」**……

音読みと訓読み

1 音読み…中国の発音をもとにした読み方

例　秋⇩シュウ　顔⇩ガン　橋⇩キョウ

音読みには、次のような特《とく》ちょうがあります。

(1) 熟《じゅく》語になる読み方が多い

例　健康⇩ケンコウ　幸福⇩コウフク

(2) 聞いただけでは意味の通じない読み方が多い

例　東⇩トウ　春⇩シュン　夏⇩カ

(3) 音は同じで意味のちがう字（同音異字《いじ》）がたくさんある

例 セイ⇩正・生・青・西・声・世・成

2 訓読み…日本の言葉にあてはめて読む読み方

例 秋⇩あき　顔⇩かお　橋⇩はし

訓読みには、次のような特ちょうがあります。

(1) 一字だけで使うときの読み方が多い

例 花⇩はな　島⇩しま　人⇩ひと

(2) 意味のよく分かる読み方である

例 東⇩ひがし　春⇩はる　夏⇩なつ

(3) 同じ読み方であっても、意味から考えれば区別がつきやすい

例 はな⇩花・鼻　はし⇩橋・端・箸

(4) 送りがなのつく読み方が多い

例 歩く・見る・長い・大きい・静《しず》か

3 音読みのない漢字と訓読みのない漢字

(1) 音読みのない漢字（少しですので覚えましょう。）

貝《かい》・株《かぶ》・畑《はたけ》・届《とど》け・箱《はこ》・皿《さら》

［畑は中国にはない日本でできた字（国字）なので音読みがないのは当然です。］

(2) 訓読みのない漢字（少しずつ覚えましょう。）

愛《アイ》・医《イ》・**胃**《イ》・院《イン》・**駅**《エキ》・**絵**《エ・カイ》・**王**《オウ》・**客**《キャク》・**銀**《ギン》・士《シ》

詩《シ》・**式**《シキ》・**席**《セキ》・**線**《セン》・隊《タイ》・**地**《チ》・**茶**《チャ》・**毒**《ドク》・**肉**《ニク》・**服**《フク》・**陸**《リク》

※太字のものは、音読みでも意味がよくわかるため、訓読みとまちがえやすいので、注意《ちゅうい》が必要《ひつよう》です。

4 読み方に気をつけたい漢字

(1) 音読みとまちがえやすい「訓読み」

日《か》・粉《こ》・路《じ》・血《ち》・荷《に》・野《の》・場《ば》・間《ま》・馬《ま》・家《や》・屋《や》
世《よ》・夜《よ》

(2) 訓読みとまちがえやすい「音読み」

円《エン》・金《キン》・死《シ》・天《テン》・本《ホン》

(3) 訓読みが二通り以上あり、送りがなによって読み方の変わるもの

上《のぼ》る・上《あ》がる　下《くだ》る・下《さ》がる　行《い》く・行《おこな》う
出《だ》す・出《で》る　食《く》う・食《た》べる　教《おし》える・教《おそ》わる
省《はぶ》く・省《かえり》みる　危《あぶ》ない・危《あや》うい　治《おさ》める・治《なお》る
覚《おぼ》える・覚《さ》める　少《すこ》し・少《すく》ない　細《こま》かい・細《ほそ》い
苦《くる》しい・苦《にが》い　全《まった》く・全《すべ》て　幸《さいわ》い・幸《しあわ》せ
後《あと》・後《うし》ろ　直《ただ》ちに・直《す》ぐに・直《なお》る
重《おも》い・重《かさ》ねる　来《き》た・来《く》る・来《こ》い
生《い》きる・生《は》える・生《う》まれる・生《なま》
間（あいだ・ま）　値（あたい・ね）

(4) 音読みが二通り以上あるもの

絵（エ・カイ）　物（モツ・ブツ）
日（ニチ・ジツ）　金（キン・コン）
直（チョク・ジキ）　生（セイ・ショウ）
石（セキ・コク）　家（カ・ケ）
間（カン・ケン）　行（コウ・ギョウ）
合（ゴウ・ガッ）　分（フン・ブン・ブ）
明（メイ・ミョウ）　形（ケイ・ギョウ）
治（ジ・チ）　後（ゴ・コウ）
重（ジュウ・チョウ）　平（ヘイ・ビョウ）
言（ゲン・ゴン）　木（モク・ボク）

練習問題

① 次の漢字には二通りの音読みがあります。読み方をカタカナで書きなさい。

(1) 絵〔　　・　　〕
(2) 物〔　　・　　〕
(3) 日〔　　・　　〕
(4) 家〔　　・　　〕
(5) 後〔　　・　　〕
(6) 平〔　　・　　〕
(7) 直〔　　・　　〕
(8) 茶〔　　・　　〕

② 次の漢字には、二通りの訓読みがあります。それぞれの訓読みをひらがなで書きなさい。

(1) 覚〔　　える〕・〔　　める〕
(2) 行〔　　く〕・〔　　う〕
(3) 苦〔　　しい〕・〔　　い〕
(4) 少〔　　し〕・〔　　ない〕
(5) 細〔　　い〕・〔　　かい〕
(6) 幸〔　　せ〕・〔　　い〕
(7) 直〔　　ちに〕・〔　　る〕
(8) 重〔　　い〕・〔　　ねる〕

③ 次の漢字の「音読み」と「訓読み」を書きなさい。ただし、それがない場合には×をつけなさい。

(1) 畑　音〔　　〕　訓〔　　〕
(2) 身　音〔　　〕　訓〔　　〕
(3) 荷　音〔　　〕　訓〔　　〕
(4) 場　音〔　　〕　訓〔　　〕
(5) 絵　音〔　　〕　訓〔　　〕
(6) 屋　音〔　　〕　訓〔　　〕
(7) 野　音〔　　〕　訓〔　　〕

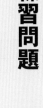

第五章　熟語《じゅくご》の読み方

学習のねらい
「重箱読み」や「湯桶読み」といった熟語の読み方を学びます。

二字以上の漢字《かんじ》が組み合わさって一つの意味《いみ》をあらわしていることばを熟語といいます。多くは音読みですが、なかには訓《くん》読みの熟語や、音読みと訓読みを組み合わせて読む熟語もありますので注意《ちゅうい》してください。（音＋訓）読みを「重箱《じゅうばこ》（ジュウ＋ばこ）読み」、（訓＋音）読みを「湯《ゆ》桶《とう》（ゆ＋トウ）読み」といいます。

重箱読みと湯桶読み

(1)音音読み（上の字も下の字も音で読みます）

健康《ケンコウ》・栄養《エイヨウ》・学習《ガクシュウ》・社会《シャカイ》・時間《ジカン》・読書《ドクショ》など

(2)訓訓読み（上の字も下の字も訓で読みます）

指輪《ゆびわ》・常夏《とこなつ》・朝日《あさひ》・右手《みぎて》・小鳥《ことり》・青草《あおくさ》など

(3)音訓読み〔重箱読み〕（上の字を音、下の字を訓で読みます）

雑木《ゾウき》・新型《シンがた》・台所《ダイどころ》・銀色《ギンいろ》・役目《ヤクめ》・試合《シあい》・王様《オウさま》・絵筆《エふで》

(4)訓音読み〔湯桶読み〕（上の字を訓、下の字を音で読みます）

布地《ぬのジ》・雨具《あまグ》・手本《てホン》・場所《ばショ》・野宿《のジュク》・荷物《にモツ》・身分《みブン》・消印《けしイン》

(5)特別《とくべつ》な読み方

◆一字一字の音訓としてあげることができない熟語、特《とく》別《べつ》な読み方をする熟語

一日《ついたち》・二十日《はつか》・昨日《きのう》・今日《きょう》・明日《あす》・大人《おとな》・一人《ひとり》・二人《ふたり》

◆二つの漢字が重なって読み方が少し変わるもの

河原《かわら》（河《かわ》＋原《はら》）・雨足《あまあし》（雨《あめ》＋足《あし》）・春雨《はるさめ》（春《はる》＋雨《あめ》）
風車《かざぐるま》（風《かぜ》＋車《くるま》）・白波《しらなみ》（白《しろ》＋波《なみ》）・船旅《ふなたび》（船《ふね》＋旅《たび》）
酒屋《さかや》（酒《さけ》＋屋《や》）・胸元《むなもと》（胸《むね》＋元《もと》）

要点のまとめ

赤シートで復習しましょう。

◆重箱読み…上の字を音・下の字を訓で読む
◆湯桶読み…上の字を訓・下の字を音で読む

練習問題

① (1)〜(8)までの漢字の読みがなを書きなさい。

A　音・音で読む
B　訓・訓で読む
C　音・訓で読む
D　訓・音で読む

(1) 遠近
(2) 色紙
(3) 遠浅
(4) 色紙
(5) 地主
(6) 台所
(7) 消印
(8) 古本

(1)（　　）　(2)（　　）
(3)（　　）　(4)（　　）
(5)（　　）　(6)（　　）
(7)（　　）　(8)（　　）

② 次の熟語は、A音音読み、B訓訓読み、C重箱読み、D湯桶読み、のどれか、記号で答えなさい。

(1) 王様　(2) 雨具　(3) 番組　(4) 春雨　(5) 絵筆
(6) 手本　(7) 両手　(8) 宿屋　(9) 身分　(10) 反省

(1)	(2)	(3)	(4)	(5)
(6)	(7)	(8)	(9)	(10)

③ 次の熟語の読みを、例のように音読みの部分はカタカナで、訓読みの部分はひらがなで答えなさい。

例）木立→こだち　相談→ソウダン　重箱→ジュウばこ

(1) 駅員　(2) 朝日　(3) 畑作　(4) 荷物
(5) 着席　(6) 試合　(7) 天国　(8) 油絵
(9) 役目　(10) 金具　(11) 場所　(12) 肉屋

(1)	(2)	(3)
(4)	(5)	(6)
(7)	(8)	(9)
(10)	(11)	(12)

第六章　熟語《じゅくご》のなりたち

学習のねらい
熟語の組み立てを理解し、その意味をとらえるきっかけをつかみましょう。

二字以上の漢字《かんじ》を組み合わせ、まとまった意味《いみ》を持《も》たせたことばを熟語といいます。

◎親友《しんゆう》・人間・道路《どうろ》・表現《ひょうげん》・未来《みらい》など　（二字熟語）
◎自転車《じてんしゃ》・運動会《うんどうかい》・音楽家・上中下など　（三字熟語）
◎機械《きかい》文明・春夏秋冬《しゅんかしゅうとう》・国語辞典《じてん》など　（四字熟語）

二字熟語のなりたち（組み立て）

(1)同じ漢字を重《かさ》ねたもの

例　家々《いえいえ》・人々《ひとびと》・山々《やまやま》・早々《そうそう》・少々《しょうしょう》・方々《ほうぼう》

(2)同じような意味の漢字を組み合わせたもの

例　暗黒《あんこく》（暗《くら》い＋黒い）・表現（表《あらわ》す＋現《あらわ》す）
森林（森＋林）・土地（土＋地）
思考（思う＋考える）・身体《しんたい》（身《み》＋体）
増加《ぞうか》（増《ふ》える＋加える）・移転《いてん》（移《うつ》る＋転じる）
進行《しんこう》（進《すす》む＋行く）

(3)反対の意味の漢字を組み合わせたもの

例　男女（男＋女）・前後（前＋後）
遠近（遠い＋近い）・長短《ちょうたん》（長い＋短《みじか》い）
苦楽《くらく》（苦《くる》しい＋楽しい）・明暗（明るい＋暗い）
生死《せいし》（生きる＋死ぬ）・強弱（強い＋弱い）
利害《りがい》（利益《りえき》＋損害《そんがい》）

(4)上の字が下の字を説明するようにくっつけたもの

例

黒板《こくばん》（黒い板《いた》）・朝日（朝の日）
親友《しんゆう》（親《した》しい友）・海底《かいてい》（海の底《そこ》）
外国（外の国）・冷水《れいすい》（冷《つめ》たい水）
暗室（暗い室・部屋《へや》）・青空（青い空）
直線《ちょくせん》（真っ直《す》ぐな線）

(5)下の字から上の字へ読めば意味がわかるもの

例

読書（書〔本のこと〕を読む）・開会（会を開く）
作文（文を作る）・消火《しょうか》（火を消《け》す）
登山《とざん》（山に登《のぼ》る）・帰国（国に帰る）
通学（学校に通う）・乗車《じょうしゃ》（車に乗る）
飲酒《いんしゅ》（酒《さけ》を飲《の》む）

(6)「不《ふ》」・「無《む》」・「非《ひ》」・「未《み》」が上について、下の字の意味をうちけすもの

例

不足（足りない）・不良《ふりょう》・不安《ふあん》・不満《ふまん》・不幸《ふこう》
不利
無用（用がない）・無理・無力・無名
非番（当番でないこと）・非行・非運《ひうん》・非常《ひじょう》
未開《みかい》（まだ開けていない）・未来・未明・未定《みてい》
未満

(7)「性《せい》」・「然《ぜん》」・「的《てき》」・「化《か》」が下について、ようすを表すもの

例

急性《きゅうせい》・野性・知性・当然・必然《ひつぜん》・美的《びてき》・私的《してき》
美化・悪化・進化・緑化《りょっか》

(8)長い語句《ごく》を省略《しょうりゃく》してつくったもの（略語）

例

国連《こくれん》（国際《こくさい》連合）・特急《とっきゅう》（特別急行《とくべつきゅうこう》）
入試《にゅうし》（入学試験《しけん》）・労組《ろうそ》（労働組合《ろうどうくみあい》）
国体（国民体育《こくみんたいいく》大会）

⚠注意▼漢字の訓《くん》読みを知っていると、熟語の意味がよく分かります。ですから、漢字を覚《おぼ》えるときには、音読みと訓読み両方《りょうほう》を合わせて覚えていくことが大切です。

要点のまとめ

赤シートを使って復習しましょう。

◆次の(1)～(8)の熟語の組み立て方にあてはまる熟語をあとのア～クからえらび、記号《きごう》で答えなさい。

(1) 上の漢字が下の漢字を説明しているもの　〔ウ〕
(2) 下から上に読むと意味がわかるもの　〔エ〕
(3) 反対の意味の漢字を組み合わせたもの　〔ク〕
(4) にた意味の漢字を組み合わせたもの　〔ア〕
(5) 上に「不・無・非・未」をつけたもの　〔カ〕
(6) 下に「的・性・化・然」をつけたもの　〔オ〕
(7) 長い語句を省略したもの　〔キ〕
(8) 同じ字を重ねたもの　〔イ〕

ア 温暖　**イ** 少々　**ウ** 黒板　**エ** 作文
オ 美化　**カ** 未開　**キ** 入試　**ク** 男女

練習問題

① **上の字と下の字の意味が反対になるように、□にふさわしい漢字を入れて二字の熟語を作りなさい。**

例　遠 近

(1) 昼□
(2) 前□
(3) 天□
(4) 強□
(5) 多□
(6) 大□
(7) 長□
(8) 始□

② 次の□に「不・無・非・未」のどれかを入れ、二字の熟語を作りなさい。

(1) □足
(2) □理
(3) □来
(4) □良
(5) □番
(6) □定
(7) □名
(8) □常

③ 次の□に〔　　〕の中から漢字を書き入れて、にた意味の漢字を組み合わせた二字熟語を作りなさい。

〔福　完　思　行　路　体〕

(1) 道□
(2) □考
(3) 身□
(4) 幸□
(5) □全
(6) 進□

④ 次のア～エの熟語には、その組み立てが一つだけほかとちがうものがあります。その記号を○でかこみなさい。

(1) ア 苦労　イ 中間　ウ 決意　エ 重大
(2) ア 新緑　イ 毎朝　ウ 早口　エ 左右
(3) ア 落下　イ 明暗　ウ 進退　エ 遠近
(4) ア 乗船　イ 出発　ウ 出世　エ 作文

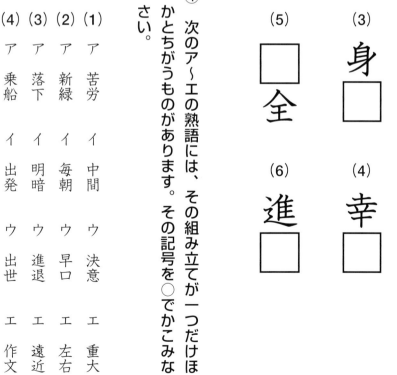

第七章　同類語《どうるいご》・反対語《はんたいご》

学習のねらい
「同類語」と「反対語」を学ぶことを通して、たくさんの熟語にふれましょう。

1　同類語

ちがうことばどうしでも、表《あらわ》す意味《いみ》がよくにていたり、同じ意味であるものを、**「同類語・同義語《どうぎご》」**あるいは**「類義語・同意語」**といいます。

①ほとんど同じ意味のもの

例　人―人間　　昨年《さくねん》―去年《きょねん》

②同じではないが、よくにた意味のもの

例
見学…物《もの》を実際《じっさい》に見て、知識《ちしき》をえること。
見物《けんぶつ》…物を実際に見ること。見て楽しむこと。

区別《くべつ》…あるものと他のものを種類《しゅるい》によって分けること。
差別《さべつ》…差をつけてあつかうこと。わけへだてをすること。

同類語の種類

同類語は二字の熟語《じゅくご》に多くみられ、一字ちがいのものと二字ちがいのものがあります。

(1)一字ちがいのもの

例
方向《ほうこう》―方角　　永久《えいきゅう》―永遠　　苦労《くろう》―苦心
天気―天候《てんこう》　　不満《ふまん》―不服《ふふく》　　外国―他国《たこく》　など

(2)二字ともちがうもの

例
手紙―書簡《しょかん》　　欠点《けってん》―短所《たんしょ》　　不安《ふあん》―心配《しんぱい》
進歩《しんぽ》―発達《はったつ》　など

2　反対語

ことばのもつ意味が、それぞれ反対になっていることばを「**反対語**（**対義語**《たいぎご》）」といいます。

例　上—下　朝—夕　苦《く》—楽　生—死《し》　部分《ぶぶん》—全体《ぜんたい》
失敗《しっぱい》—成功《せいこう》　など

また、意味が全《まった》く反対でなく、「組み」になっていることばを「**対語**《ついご》（**対応語**《たいおうご》・**対照語**《たいしょうご》）」といいます。

例　父—母　兄—弟　男—女　海—陸《りく》
子供《こども》—大人　先生—生徒《せいと》　など

しかし、「対語」もだいたい反対の関係《かんけい》にあることばと考えられるので、ふつうは「対語」も「反対語」としてあつかっています。

反対語の種類

(1)反対の意味を表す漢字《かんじ》を組み合わせるもの

◆これは反対の意味をもつ漢字を組み合わせた熟語にもなります。

例　天—地（天地）　遠—近（遠近）
売—買（売買）　強—弱（強弱）　など

(2)二字のうち、一字だけが反対の意味をもつ熟語

例　登《とう》校《こう》—下校　買手—売手　車道—歩道
客観《きゃっかん》—主観《しゅかん》　最高《さいこう》—最低　以前《いぜん》—以後　など

(3)二字熟語全体で反対語になっているもの（二字ともちがうもの）

例　自分—相手《あいて》　自然—人工　都市《とし》—農村《のうそん》
戦争《せんそう》—平和《へいわ》　など

(4)上に「不《ふ》・無《む》・非《ひ》・未《み》」などの打《う》ち消《け》しの意味を表す漢字がついて反対語になったもの

例　不完全《ふかんぜん》—完全　未成年《みせいねん》—成年　非公式《ひこうしき》—公式
不安《ふあん》—安心　不幸《ふこう》—幸福《こうふく》　不備《ふび》—完備　など

【資料】同類語と反対語

◆同類語・反対語は意味をよく調《しら》べながら読み書きの練習《れんしゅう》をすることが大切です。

同類語

（赤シートを使っておぼえましょう。）

悪運《あくうん》＝不運《ふうん》
案外《あんがい》＝意外《いがい》
一生《いっしょう》＝終生《しゅうせい》
応答《おうとう》＝返事《へんじ》
改良《かいりょう》＝改善《かいぜん》
刊行《かんこう》＝出版《しゅっぱん》
機構《きこう》＝構造《こうぞう》
救助《きゅうじょ》＝救済《きゅうさい》
郷里《きょうり》＝故郷《こきょう》
経験《けいけん》＝体験《たいけん》
欠点《けってん》＝短所《たんしょ》
倹約《けんやく》＝節約《せつやく》

悪評《あくひょう》＝不評《ふひょう》
安全《あんぜん》＝無事《ぶじ》
永遠《えいえん》＝永久《えいきゅう》
快活《かいかつ》＝活発《かっぱつ》
加入《かにゅう》＝参加《さんか》
感動《かんどう》＝感激《かんげき》
気質《きしつ》＝気性《きしょう》
休養《きゅうよう》＝静養《せいよう》
苦心《くしん》＝苦労《くろう》
決心《けっしん》＝決意《けつい》
原因《げんいん》＝理由《りゆう》
原料《げんりょう》＝材料《ざいりょう》

公平《こうへい》＝平等《びょうどう》
実質《じっしつ》＝内容《ないよう》
失礼《しつれい》＝非礼《ひれい》
修正《しゅうせい》＝改正《かいせい》
手段《しゅだん》＝方法《ほうほう》
準備《じゅんび》＝用意《ようい》
将来《しょうらい》＝未来《みらい》
真意《しんい》＝本意《ほんい》
心配《しんぱい》＝不安《ふあん》
製作《せいさく》＝製造《せいぞう》
適当《てきとう》＝適切《てきせつ》
納得《なっとく》＝承知《しょうち》
不安《ふあん》＝心配《しんぱい》
不平《ふへい》＝不満《ふまん》
真心《まごころ》＝誠意《せいい》
目標《もくひょう》＝対象《たいしょう》
有名《ゆうめい》＝著名《ちょめい》
旅館《りょかん》＝宿屋《やどや》

自然《しぜん》＝天然《てんねん》
失望《しつぼう》＝失意《しつい》
死亡《しぼう》＝死去《しきょ》
収入《しゅうにゅう》＝所得《しょとく》
主要《しゅよう》＝重要《じゅうよう》
消息《しょうそく》＝音信《おんしん》
所有《しょゆう》＝所持《しょじ》
真実《しんじつ》＝真相《しんそう》
進歩《しんぽ》＝向上《こうじょう》
長所《ちょうしょ》＝美点《びてん》
同意《どうい》＝賛成《さんせい》
念願《ねんがん》＝悲願《ひがん》
風景《ふうけい》＝景色《けしき》
方向《ほうこう》＝方角《ほうがく》
未開《みかい》＝原始《げんし》
野望《やぼう》＝野心《やしん》
利用《りよう》＝活用《かつよう》
例外《れいがい》＝特別《とくべつ》

反対語

（赤シートを使っておぼえましょう。）

安心《あんしん》↔心配《しんぱい》
運動《うんどう》↔静止《せいし》
温暖《おんだん》↔寒冷《かんれい》
過去《かこ》↔未来《みらい》
起点《きてん》↔終点《しゅうてん》
曲線《きょくせん》↔直線《ちょくせん》
空想《くうそう》↔現実《げんじつ》
原因《げんいん》↔結果《けっか》
外科《げか》↔内科《ないか》
合成《ごうせい》↔分解《ぶんかい》
困難《こんなん》↔容易《ようい》
自然《しぜん》↔人工《じんこう》
集合《しゅうごう》↔解散《かいさん》
順調《じゅんちょう》↔不調《ふちょう》

安全《あんぜん》↔危険《きけん》
益虫《えきちゅう》↔害虫《がいちゅう》
拡大《かくだい》↔縮小《しゅくしょう》
寒流《かんりゅう》↔暖流《だんりゅう》
希望《きぼう》↔絶望《ぜつぼう》
禁止《きんし》↔許可《きょか》
形式《けいしき》↔内容《ないよう》
健康《けんこう》↔病気《びょうき》
欠点《けってん》↔美点《びてん》
幸福《こうふく》↔不幸《ふこう》
賛成《さんせい》↔反対《はんたい》
社会《しゃかい》↔個人《こじん》
出発《しゅっぱつ》↔到着《とうちゃく》
消火《しょうか》↔点火《てんか》

少数《しょうすう》↔多数《たすう》
進化《しんか》↔退化《たいか》
積極《せっきょく》↔消極《しょうきょく》
先祖《せんぞ》↔子孫《しそん》
全体《ぜんたい》↔部分《ぶぶん》
増加《ぞうか》↔減少《げんしょう》
単純《たんじゅん》↔複雑《ふくざつ》
直接《ちょくせつ》↔間接《かんせつ》
当番《とうばん》↔非番《ひばん》

勝利《しょうり》↔敗北《はいぼく》
成功《せいこう》↔失敗《しっぱい》
前進《ぜんしん》↔後退《こうたい》
戦争《せんそう》↔平和《へいわ》
全部《ぜんぶ》↔一部《いちぶ》
損失《そんしつ》↔利益《りえき》
短所《たんしょ》↔長所《ちょうしょ》
当選《とうせん》↔落選《らくせん》

知識《ちしき》のしずく

長所の反対語は？

「長所」の同類語は「美点」。「美点」の反対語は「欠点」。でも、「長所」の反対語が「欠点」だとは必ずしもいえません。「**長所**―短**所**」「美**点**―欠**点**」と対になるものとして覚えましょう。

要点のまとめ

赤シートを使って復習しましょう。

◆**同類語＝意味が同じか、にている言葉**

決心＝決[意]　　一生＝[終]生
永遠＝永[久]　　不安＝[心配]
原因＝[理由]　　自然＝[天]然

◆**反対語＝意味が反対の言葉**

不安↔[安心]　　戦争↔[平和]
長所↔[短]所　　前進↔[後]退
賛成↔[反対]　　自然↔[人工]

練習問題

① 上の段《だん》と同じような意味のことばを下の段からえらび、記号《きごう》に○をつけなさい。

	上の段	ア	イ	ウ	エ
(1)	進歩	歩道	向上	散歩	進路
(2)	自然	天然	草木	当然	自由
(3)	欠点	短所	欠席	欠落	美点
(4)	心配	失礼	不安	不平	失敗
(5)	失意	失敗	失礼	失業	失望
(6)	長所	長短	長大	美点	美人
(7)	原料	材料	料理	原因	食料
(8)	案外	以外	内外	意外	案内
(9)	手段	利用	理由	結果	方法
(10)	準備	原因	用意	所用	休養

② 次のことばと反対の意味のことばを後からえらび、記号で答えなさい。

(1) 運動（　　）
(2) 集合（　　）
(3) 成功（　　）
(4) 単純（　　）
(5) 社会（　　）
(6) 原因（　　）
(7) 自然（　　）
(8) 過去（　　）

ア 失敗　イ 人工　ウ 静止　エ 個人
オ 複雑　カ 解散　キ 結果　ク 未来

③ 次の(1)～(5)の上のことばと下のことばを同じ意味のことばに、また、(6)～(12)の上のことばと下のことばを反対の意味のことばにするには、□にア～ソのどの漢字を入れたらよいですか。記号で答えなさい。

(1) 一生―□生
(2) 原因―□由
(3) 公平―平□
(4) □景―景色
(5) 賛成―□意
(6) 形式―□容
(7) 賛成―□対
(8) 安□―危険
(9) 前□―後退
(10) □所―長所
(11) 全体―部□
(12) 戦争―□和

ア 進　イ 全　ウ 短　エ 口
オ 等　カ 風　キ 分　ク 終
ケ 内　コ 出　サ 理　シ 心
ス 同　セ 反　ソ 平

(1)	(5)	(9)
(2)	(6)	(10)
(3)	(7)	(11)
(4)	(8)	(12)

第八章　三字熟語《じゅくご》・四字熟語

学習のねらい
「三字熟語」「四字熟語」を学び、そのことばのできた由来も探ってみましょう。

三字以上の熟語は二字熟語をもとにしたものが多いので、二字熟語の意味《いみ》や組み立てを確認《かくにん》して覚《おぼ》えましょう。

1　三字熟語の組み立て

(1)二字の熟語と漢字一字の組み合わせ

○○＋●

例　音楽会（音楽＋会）・実力者《じつりょくしゃ》（実力＋者）

●＋○○

例　食生活《しょくせいかつ》（食＋生活）・大家族《だいかぞく》（大＋家族）

(2)上に「不《ふ》」・「無《む》」・「非《ひ》」・「未《み》」などをつけて下の二字の熟語の意味を打《う》ち消《け》したもの

例　不自由《ふじゆう》（不＋自由・自由ではない）
非常識《ひじょうしき》（非＋常識・常識に外れている）
無感動《むかんどう》（無＋感動・感動がない）
未完成《みかんせい》（未＋完成・まだ完成していない）など

(3)下に「性《せい》」・「的《てき》」・「化《か》」・「然《ぜん》」などをつけて、意味を強めたり、そえたりするもの

性（「―の性質《せいしつ》」というような意味を表《あらわ》す）

例　安全性《あんぜんせい》・国民性《こくみんせい》・社会性・人間性など

的（「―の」・「―のような」という意味を表す）

例　科学的・理想的《りそうてき》・計画的・文化的《ぶんかてき》など

化（「―にかわる・―になる」という意味を表す）

例　工業化《こうぎょうか》・民主化《みんしゅか》・近代化・都会化《とかいか》など

(4)三つの漢字が対等《たいとう》の関係《かんけい》でならんでいるもの

○＋◆＋□

例　上中下・大中小・小中高・衣食住《いしょくじゅう》・松竹梅《しょうちくばい》など

2 四字熟語の組み立て

(1)三字熟語と漢字一字が組み合わさったもの

●＋○○○・○○○＋●

例 正三角形（正＋三角形）
大政治家《だいせいじか》（大＋政治家）
自家用車（自家用＋車）

(2)二字熟語が二つ組み合わさったもの

○○＋●●（多くの四字熟語はこの組み立てです）

①上の二字熟語が下の二字熟語を修飾《しゅうしょく》し、説明《せつめい》しているもの

例 社会問題《もんだい》（社会的な問題）・水道工事《こうじ》（水道の工事）・南極大陸《なんきょくたいりく》（南極にある大陸）

②反対または対になっている二字の熟語が結《むす》びついたもの

例 前後左右（前と後＋左と右）
利害得失《りがいとくしつ》（利と害＋得と失）
一朝一夕《いっちょういっせき》（一度《いちど》の朝と夕《ゆう》）
一長一短《いっちょういったん》（一つずつの長所と短所）

③対等の関係（あるいはにた意味）の二字の熟語が結びついたもの

例 自由自在《じざい》・自学自習《じしゅう》・公明正大

(3)四つの漢字が対等の関係でならんだもの

○＋■＋△＋◆

例 春夏秋冬・東西南北・花鳥風月・山川草木《さんせんそうもく》

注意▼ 五字以上の熟語も、二字の熟語がもとになっているので、その意味を積《つ》み重《かさ》ねて考えるようにします。

例 試験問題集《しけんもんだいしゅう》（試験＋問題＋集）
南極探検《たんけん》計画（南極＋探検＋計画）
研究発表会《けんきゅうはっぴょうかい》（研究＋発表＋会）
特別急行列車《とくべつきゅうこうれっしゃ》（特別＋急行＋列車）

【資料】三字熟語・四字熟語

三字熟語（赤シートを使っておぼえましょう。）

意気地《いくじ》 自分の思うことをやり通そうとする気力「意気地なし」

衣食住《いしょくじゅう》 衣服《いふく》と食料と住居《じゅうきょ》。人間の生活のもっとも基《き》本《ほん》となる三つの条件《じょうけん》

一目散《いちもくさん》 わき目もふらず一所懸命《いっしょけんめい》に走る様子《ようす》→「〜に逃《に》げる」

過保護《かほご》 必要《ひつよう》以上に世話《せわ》をしすぎること

銀世界《ぎんせかい》 雪が積《つ》もって、あたり一面《いちめん》が白くかがやく美《うつく》しい風景《ふうけい》

紅一点《こういってん》 多くの男性の中に、女性が一人だけまじっていること

先入観《せんにゅうかん》 実際《じっさい》に見聞きする前に作り上げた、かたよった考え

大黒柱《だいこくばしら》 家の中に立てる太い柱《はしら》。家庭《かてい》や団体で中心になって働《はたら》く人

第三者《だいさんしゃ》 問題になっていることがらに関係がない人

【不・無・非・未】のついた三字熟語

【不】不可能《ふかのう》・不自由《ふじゆう》・不完全《ふかんぜん》

【無】無責任《むせきにん》・無反応《むはんのう》・無意識《むいしき》

【非】非常識《ひじょうしき》・非売品《ひばいひん》・非公式《ひこうしき》

【未】未完成《みかんせい》・未成年《みせいねん》・未開発《みかいはつ》

四字熟語（赤シートを使っておぼえましょう。）

異口同音《いくどうおん》 みんなが同じことを言うこと

一日千秋《いちじつせんしゅう》 非常に待《ま》ち遠しいこと（「いちにちせんしゅう」とも読む）

一望千里《いちぼうせんり》 みはらしがよいさま

一石二鳥《いっせきにちょう》 一つのことをして二つのとくをすること＝**一挙両得《いっきょりょうとく》**

一進一退《いっしんいったい》 進《すす》んだりあともどりしたりすること

一心同体《いっしんどうたい》 一つの心・体のように強く結びつくこと

一心不乱《いっしんふらん》 ひとすじに心をうちこむこと

一朝一夕《いっちょういっせき》 わずかな月日

一長一短《いっちょういったん》 長所があるのと同時に短所もあること

意味深長《いみしんちょう》 意味が深《ふか》くていろいろなふくみのあること

海千山千《うみせんやません》 世の中で経験《けいけん》を積んだ、悪《わる》がしこい人

我田引水《がでんいんすい》 自分に有利《ゆうり》に言ったり行動したりすること

完全無欠《かんぜんむけつ》 完全でまったく欠点《けってん》や不足のないこと

急転直下《きゅうてんちょっか》 ものごとが急に解決《かいけつ》すること

空前絶後《くうぜんぜつご》 非常にめずらしいこと

公平無私《こうへいむし》 少しのえこひいきもしないこと

公明正大《こうめいせいだい》 正しくて堂々《どうどう》としていること

古今東西《ここんとうざい》 むかしから今にいたるまでと世界中《せかいじゅう》

小春日和《こはるびより》 陰暦《いんれき》十月（今の十一月）ごろの暖《あたた》かいよい天

気。春ではないが、春ににた天気なので「小春」という

言《ごん》語《ご》道《どう》断《だん》　言い表しようもないほどひどいこと

三《さん》寒《かん》四《し》温《おん》　冬から春にかけての、三日寒《さむ》いと次の四日間は暖かいという気候《きこう》

自《じ》画《が》自《じ》賛《さん》　自分で自分のことをほめること

自《じ》給《きゅう》自《じ》足《そく》　生活に必要なものをみな自分で作って間に合わせること

自《じ》業《ごう》自《じ》得《とく》　自分でした悪い行いが報《むく》いとなって自分に返ってくること＝**身から出たさび**

七《しち》転《てん》八《はっ》起《き》　何度失敗《しっぱい》してもくじけず努力《どりょく》すること（「七《なな》転《ころ》び八《や》起《お》き」ともいう）

自《じ》問《もん》自《じ》答《とう》　自分で問い自分で答えること

弱《じゃく》肉《にく》強《きょう》食《しょく》　力の強いものが弱いものを負かすこと

自《じ》由《ゆう》自《じ》在《ざい》　自分の思いのままにすること

十《じゅう》人《にん》十《と》色《いろ》　人によって考えや性質《せいしつ》がちがうこと

絶《ぜっ》体《たい》絶《ぜつ》命《めい》　非常な危険《きけん》に直面し、のがれる方法《ほうほう》がないこと

千《せん》差《さ》万《ばん》別《べつ》　それぞれにちがっていること

前《ぜん》代《だい》未《み》聞《もん》　これまでに一度も聞いたことがないこと

大《たい》器《き》晩《ばん》成《せい》　大人物《だいじんぶつ》は、成長がおそくても、時間をかけ実《じつ》力《りょく》をつけ、終わりにはりっぱになるということ

大《たい》義《ぎ》名《めい》分《ぶん》　人として守らなければならない道理。行動のたてまえとなるもの

大《だい》同《どう》小《しょう》異《い》　全体としては同じで、ちがいがあまりないこと

単《たん》刀《とう》直《ちょく》入《にゅう》　前おきのことばを省《はぶ》き、いきなり話の中心に入ること

朝《ちょう》三《さん》暮《ぼ》四《し》　目先の利益《りえき》だけにとらわれ、本質に気づかないこと

電《でん》光《こう》石《せっ》火《か》　ひじょうに速《はや》いこと

天《てん》変《ぺん》地《ち》異《い》　暴風《ぼうふう》や大水などの自然《しぜん》の変異《へんい》（ふだんとちがうさま）

南《なん》船《せん》北《ぼく》馬《ば》　あちらこちらをたえず旅行《りょこう》して歩くこと

日《にっ》進《しん》月《げっ》歩《ぽ》　休みなくどんどん進歩《しんぽ》すること

馬《ば》耳《じ》東《とう》風《ふう》　人の意見や批評《ひひょう》を聞き流《なが》して気にかけないこと

八《はっ》方《ぽう》美《び》人《じん》　だれに対してもむやみに愛想《あいそ》のよい人

品《ひん》行《こう》方《ほう》正《せい》　行いが正しく、きちんとしていること

平《へい》身《しん》低《てい》頭《とう》　ただひたすらわびる様子

無《む》我《が》夢《む》中《ちゅう》　他《ほか》のことを忘《わす》れてあることだけにむちゅうになること

用《よう》意《い》周《しゅう》到《とう》　用意がいきとどいていること

臨《りん》機《き》応《おう》変《へん》　その場に応じて適当《てきとう》に処理《しょり》すること

要点のまとめ

赤シートを使って復習しましょう。

◆二字熟語に打《う》ち消《け》しの語「不・無・未・非」がついて三字熟語になったものは特《とく》に重要《じゅうよう》。

例　不自然・無責任・未成年・非（未）公開

◆二字熟語が二つ組み合わされた四字熟語もある。

例　完全無欠　古今東西

◆「●□●■」（二つの●は同じ漢字、□と■は対の意味をもつ漢字）という組み合わせの四字熟語は特に重要。

例　一朝一夕　絶体絶命

◆四字熟語の中に二字熟語がかくれているものも多い。

例　千差万別　日進月歩

練習問題

① 次の三字熟語は組み立ての上から、どこで区切《くぎ》れますか。例《れい》にならって横線《よこせん》を入れなさい。（ただし、横線は一本とはかぎりません。）

例　愛国｜心

(1) 雪景色　(2) 理想的

(3) 衣食住　(4) 原始林

(5) 表面積　(6) 過保護

② 次の□にあてはまる漢字を後の中からえらんで書き入れ、全体の読みがなを（　）の中に書きなさい。

(1) 愛□書（　　）

(2) 共□語〔　　〕
(3) 大□柱〔　　〕
(4) 意□地〔　　〕

子　元　気　細　国　通　読　黒　区

③ 次のことばに「不」「無」「非」「未」のいずれかをつけて、三字の熟語を作りなさい。

(1)（　　）正確　(2)（　　）完成　(3)（　　）神経
(4)（　　）成功　(5)（　　）成年　(6)（　　）器用
(7)（　　）自然　(8)（　　）公式　(9)（　　）表情
(10)（　　）常識

④ 次の熟語のうち「的」ということばのつけられるものの番号《ばんごう》を○でかこみなさい。

(1) 近代　(2) 苦楽　(3) 合格　(4) 勝負
(5) 感動　(6) 文化　(7) 始末　(8) 定期

⑤ 次の(1)～(4)の□の中に漢数字を入れて四字熟語を完成させなさい。

(1) □人□色
(2) □寒□温
(3) □朝□夕
(4) □日□秋

⑥ 次の(1)～(4)の□に漢字を入れて四字熟語を作り、その熟語の読みを〔　〕の中に書きなさい。

(1) 公□正大（やましいところがなく、正しいこと）〔　　〕
(2) 日□月歩（たえずしんぽはってんすること）〔　　〕
(3) 前代□聞（これまでにきいたことがないこと）〔　　〕
(4) □刀直入（いきなりはなしの中心に入ること）〔　　〕

第九章　慣用句《かんようく》

慣用句とは、昔から習慣《しゅうかん》となって用いられている句《く》（ことば）で、だれが作ったということもなく使《つか》い慣《な》らされてきた、特別《とくべつ》の意味《いみ》をあらわすことばです。慣用句には人の体の部分《ぶぶん》に関係《かんけい》のあるものがたくさんあります。身近《みぢか》なものから覚《おぼ》え、表現《ひょうげん》のはばを広げましょう。

例

口がかたい＝人のひみつなど、あまり言わないほうがいいことをむやみにしゃべらないこと。

➡太郎君は口がかたいから、何を話しても安心《あんしん》だ。

【資料】慣用句（赤シートを使っておぼえましょう。）

【「あご」のつく慣用句とその意味】

あごを出す　くたびれて、物事《ものごと》をする気力がなくなる。

あごで使う　いばった態度《たいど》で人に仕事《しごと》をさせる。

あごが落ちる　食べ物が大変《たいへん》おいしい。

【「足」のつく慣用句とその意味】

足が出る　①予定《よてい》より多くの金を使ってしまって足りなくなる。②かくしていた事《こと》があらわれる。

足が棒《ぼう》になる　歩き続《つづ》けたり、立ちっぱなしだったりで非常《ひじょう》につかれる。

足をあらう　悪《わる》い生活《せいかつ》からぬけだす。

足をのばす　予定の所《ところ》に行ったついでにさらにその先まで行く。

足をひっぱる　人の成功《せいこう》をねたんで、陰《かげ》で邪魔《じゃま》をする。

足もとに火がつく　身近に危険《きけん》や重大《じゅうだい》な事態《じたい》がせまる。

足もとから鳥が立つ　身近で急に意外なことが起きる。

足もとにも寄《よ》りつけない・足もとにもおよばない　相手《あいて》がとてもすぐれていてまったくかなわない。

足もとを見る　人の弱みにつけこむ。

学習のねらい
「からだ」をつかった「慣用句」を学び、表現力を豊かにしていきましょう。

【「頭」のつく慣用句とその意味】

頭があがらない
相手にひけめを感《かん》じることがあって、対《たい》等《とう》の立場に立てない。

頭がさがる
相手の人がらや行いがりっぱで尊敬《そんけい》する気持《きも》ちになる。

頭をかかえる
どうしてよいかわからなくなって考えなやむ。

【「腕《うで》」のつく慣用句とその意味】

腕をふるう
持っている技術《ぎじゅつ》や能力《のうりょく》を十分に発揮《はっき》する。

腕が上がる
技術や能力が向上《こうじょう》する。

腕が鳴る
自分の技術や能力を発揮する機会《きかい》を待《ま》ちこがれてうずうずする。

腕をみがく
技術や能力を向上させようと一所懸命努《いっしょけんめいど》力《りょく》する。

【「肩《かた》」のつく慣用句とその意味】

肩で風を切る
肩を高くあげていばって歩くようす。

肩の荷《に》がおりる
心の負担《ふたん》になっていたことや重《おも》い責任《せきにん》から解放《かいほう》されてほっとする。

肩をならべる
地位《ちい》や実力《じつりょく》が対等になる。

肩を持《も》つ
好意《こうい》をもってひいきする。

肩身がせまい
世間《せけん》の人にひけめを感じる。

【「顔」のつく慣用句とその意味】

顔が広い
多くの人とつきあいがある。

顔から火が出る
とてもはずかしく顔が真《ま》っ赤《か》になる。

顔にどろをぬる
相手にはじをかかせる。

大きな顔をする
いばる。

顔が売れる
有名《ゆうめい》になる。

【「口」のつく慣用句とその意味】

口が重い
余計《よけい》なおしゃべりをしない。あまりしゃべるほうではない。

口がかたい
言ってはいけないことはしゃべらない。

口が軽い
口数が多く、なんでもしゃべりたがる。

口がすべる
ひみつであることを、ついうっかりしゃべってしまう。

口が悪い
にくまれ口を言う。遠慮《えんりょ》なくずけずけものを言う。

口下手《べた》
ものを言うのが苦手《にがて》で、思った通りのことをうまく言えないようす。

口をきく　ものを言う。間にたって、とりなす。

口を割《わ》る　かくしていたことを白状《はくじょう》する。

【「しり」のつく慣用句とその意味】

しりが重い　物事をするのになかなかとりかかろうとしない。

しり馬に乗《の》る　自分の考えをはっきり持たず、他人《たにん》の意見や行動によく考えないでついていくこと。

しり切れとんぼ　物事を中途《ちゅうと》はんぱなままでやめてしまい、最後《さいご》まで続《つづ》かない。

しりにしく　相手（特《とく》に妻《つま》が夫《おっと》）をおさえつけて自分勝手《かって》にふるまう。

しりに火がつく　物事がさしせまってきて落《お》ち着《つ》いていられない状態《じょうたい》になる。

しりをぬぐう　人の失敗《しっぱい》の後始末《あとしまつ》をする。

【「手」のつく慣用句とその意味】

手があく　仕事《しごと》などが終《お》わったり一段落《いちだんらく》したりして、ひまができる。

手がかかる　いろいろと世話《せわ》がやける。

手が切れる　今までの関係《かんけい》がなくなる＝**手を切る**

手が足りない　労働《ろうどう》する人が足りない。

手に入れる　自分のものにする。

手にあまる　もてあます。

手に負《お》えない　自分の力では問題《もんだい》を解決《かいけつ》することができない。

手のひらを返す　急にそれまでと正反対《せいはんたい》の態度をとる。

手も足も出ない　自分の力ではどうすることもできない。

手を打《う》つ　物事がうまくいくようにはからう。

手を貸《か》す　人の手助《てだす》けをする。

手をぬく　仕事をいいかげんにする。

手を焼《や》く　てこずる。もてあます。

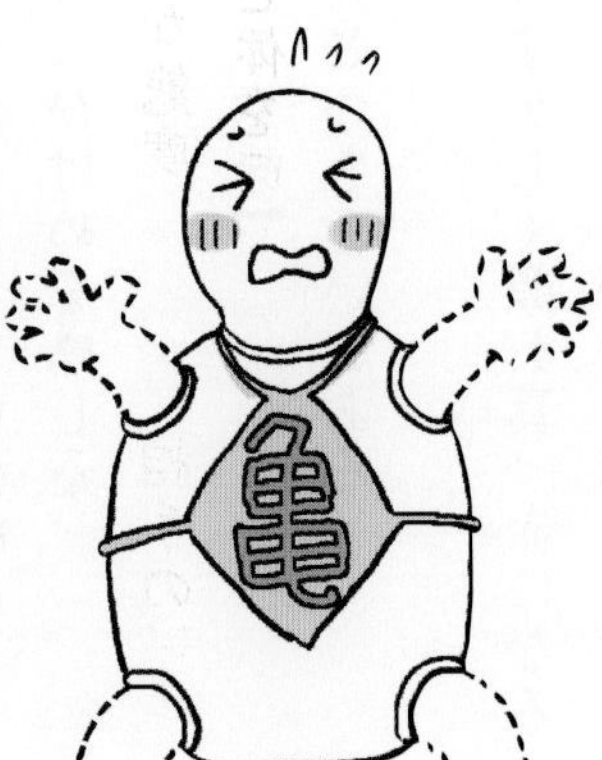

【「腹《はら》」のつく慣用句とその意味】

腹におさめる　聞いたことを口に出さず心の中にとどめておく。

腹が黒い　心の中に悪い考えを持っている。

腹がすわる　落ち着いていて物事に動《どう》じない。

腹が立つ　おこる。しゃくにさわる。

腹にすえかねる　いかりをおさえることができない。

腹を割る　心の中をかくさずうちあける。

腹を決める　かくごを決める。決心《けっしん》する。

腹をさぐる　人の考えや気《き》持ちをそれとなくさぐる。

腹をかかえる　おかしくて大笑《おおわら》いする。

【「鼻《はな》」のつく慣用句とその意味】

鼻につく　あきて、いやになる。

鼻をあかす　人を出しぬいてあっといわせる。

鼻が高い　得意《とくい》である。ほこらしい。

鼻をおる　得意になっていばっている者《もの》をやりこめる。

鼻であしらう　いいかげんにあつかう。

鼻にかける　自慢《じまん》する。えらぶる。

鼻息《はないき》が荒《あら》い　自信《じしん》があって威勢《いせい》がよい。

【「ひざ」のつく慣用句とその意味】

ひざを打《う》つ　感心したりはっと気づいた時にする動作《どうさ》。

ひざをのりだす　積極的《せっきょくてき》な態度になる。相手の話をよく聞こうと体をのり出す。

ひざをまじえる　親《した》しく話し合うようす。

【「骨《ほね》」のつく慣用句とその意味】

骨を折《お》る　苦労《くろう》する。

骨ぬきにする　かんじんな点をだめにしてしまう。

骨身《ほねみ》にこたえる　つかれ、悲《かな》しみなどを強く感じる。

骨身をおしまず　苦労をいやがらず一所懸命やる。

骨身をけずる　非常な苦労をする。

骨休め　働《はたら》いた後で体を休める。

【「身《み》」のつく慣用句とその意味】

身から出たさび　自分の行いや考えがもとで自分にふりかかった災《わざわ》い。＝**自業自得《じごうじとく》**

身につまされる　他人《たにん》の不幸《ふこう》などが、自分のことのように思いやられる。

身の毛もよだつ　あまりの恐《おそ》ろしさにぞっとする。

身もふたもない　あまりはっきりしすぎておもしろみも何もない。

身を入れる　心をこめて熱心《ねっしん》にやる。

身を粉《こ》にする　苦労をいとわずよく働く。

身を立てる　①世の中に出て、りっぱに仕事をする。②出世《しゅっせ》する。

身につける　①技術などを自分のものにする。②自分の体につける。着《き》る。

【「耳」のつく慣用句とその意味】

耳がいたい　他人のことばが自分の欠点《けってん》をついているのでこたえる。

耳が早い　噂《うわさ》などをすばやく聞きつけて知っている。

耳にたこができる　何度も同じことを聞かされてうんざりする。

耳にはさむ　ちらっと聞く。

耳をかたむける　熱心に聞く。

耳をそろえる　お金や物を少しの不足《ふそく》もなくそろえる。

【「胸《むね》」のつく慣用句とその意味】

胸がいっぱいになる　うれしさや悲しさのあまり何ともいえない気持ちになる。

胸にきざむ　忘《わす》れないようにしっかりとおぼえておく。

胸に手をあてる　じっくり自分のことについて考える。

胸を打つ　感動させる。➡**胸を打たれる**（感動する）

胸をおどらせる　喜《よろこ》びや期待《きたい》、または興奮《こうふん》で、心をわくわくさせる。

胸をなでおろす　心配事《しんぱいごと》がなくなり、ほっとする。

胸をふくらませる　希望《きぼう》や期待で心がいっぱいになる。

【「目」のつく慣用句とその意味】

目がきく　①よく見える。②物を見分ける力がすぐれている。

目が高い・目が肥《こ》えている　物のねうちを見きわめる力がすぐれている。

目がない 非常に好《す》きだ。

目がまわる 非常にいそがしい。

目から鼻にぬける ①ぬけめがなく、すばしこい。②すぐれていてたいへんかしこい。

目と鼻の先 きょりがとても近い。

目にあまる だまって見ていられないほどひどい。

目のかたき 何かにつけてにくく思う人。

目の色を変《か》える おこったり、おどろいたり、熱中したりするため、目つきが変わる。

目の上のたんこぶ 自分より実力や地位が上で、とかく行動のじゃまになるもの。

目の黒いうち 生きているあいだ。

目をうばう あまりの美《うつく》しさ、見事さで、見る者《もの》をすっかり見とれさせる。

目を丸くする びっくりして、目を大きく見開く。

目を光らす 人の行動などをきびしく見はる。

目をうたがう 思いもよらないことに出あい、あまりの意外さにおどろく。

目をつぶる 気がついているのに知らないふりをして見のがす。

目を通す ひととおり見る。

目をかける ある人を見こんで、引き立てたり、世話をしたりする。

目を皿《さら》にする さがし物をみつけようとして、目を大きく見開く。

目を三角にする おこった目つき、こわい目つき。

目をはなす 一時、注意《ちゅうい》をおこたる。

目をぬすむ 人に見られないようにこっそりとやる。

知識《ちしき》のしずく

腹に心がやどる？

「腹」のつく慣用句をみると、多くの場合「腹」が「心」を意味することがわかります。これは昔の人たちが「腹」に「心」があると考えていたからです。一つ一つの慣用句の意味を知るだけでなく、同じからだの部分を使った慣用句の共通点を見つけましょう。

第九章　慣用句

練習問題

① 次の「肩《かた》」を使った慣用句の意味を後からえらび、記《き》号《ごう》を下の（　）の中に書きなさい。

(1) 肩の荷がおりる（　　）
(2) 肩をならべる（　　）
(3) 肩を持つ（　　）
(4) 肩身がせまい（　　）

ア　好意をもってひいきする
イ　地位や実力が対等になる
ウ　世間の人にひけめを感じる
エ　責任がなくなって気が楽になる

② 次の「胸《むね》」を使った慣用句の意味を後から選び、記号を下の（　）の中に書きなさい。

(1) 胸をなでおろす（　　）
(2) 胸を打たれる（　　）
(3) 胸にきざむ（　　）
(4) 胸をふくらませる（　　）

ア　わすれないようにしっかりとおぼえておく
イ　心配事がなくなり、ほっとする
ウ　感動する
エ　希望や期待で心がいっぱいになる

③ 次の(1)～(12)までの――線を引いた部分の○の中には、どういうことばを入れたら、意味のよくわかる表現になりますか。後のア～シの中からふさわしいものを一つずつえらび、記号で答えなさい。

(1) 先生からひじょうに○のいたい注意をうけた。
(2) 姉さんは○が広いので、町で彼女《かのじょ》を知らない人はいない。
(3) 兄は歌がうまいのをいつも○にかけている。
(4) 人の○をひっぱるようなことをしてはいけない。
(5) かれのいたずらには○にあまるものがある。
(6) ○がおちそうなほど、おいしい食べ物。
(7) かれは○がかるいので信用できない。

(8) この問題はむずかしすぎて私の○に負えない。
(9) こまったことがおきて○をかかえる。
(10) ○を粉にしてはたらく。
(11) ○黒い人物。
(12) 他人の失敗の○ぬぐいをする。

ア 手　イ しり　ウ 足　エ 口
オ 頭　カ 耳　キ 身　ク 顔
ケ 目　コ 鼻　サ 腹　シ あご

(1)	(2)	(3)	(4)
(5)	(6)	(7)	(8)
(9)	(10)	(11)	(12)

④ 次の（　）にふさわしいことばを書き入れ、次の行の意味になるような慣用句を完成させなさい。

(1) 足が（　　　）になる
歩き続《つづ》けたり立ち続けたりで、足がつかれること。

(2) 足もとから（　　　）が立つ
思いがけないことが急におきること。

(3) 顔に（　　　）をぬる
相手にはじをかかせること。

(4) しり切れ（　　　）
物事を中途はんぱなままでやめてしまうこと。

(5) しりに（　　　）がつく
物事がさしせまって落ち着いていられないこと。

(6) 身から出た（　　　）
自分の行いや考えがもとでわざわいなどが自分にふりかかること。

(7) 耳に（　　　）ができる
何度も同じことを聞かされてうんざりすること。

(8) 目の上の（　　　）
自分より実力や地位が上で、じゃまになるもの。

(9) 目を（　　　）にする
さがしものをみつけようとして、目を大きく開くこと。

(10) 目を（　　　）にする
おこった目つき、こわい目つきのこと。

第十章　ことわざ・語句《ごく》の知識《ちしき》

学習のねらい
むかしの人たちの知恵の結晶である「ことわざ」を学びます。

ことわざとは、世《よ》の中で古くから言い慣《な》らされてきたことばで、

(1)人の教えとなるもの
(2)それとなくからかったり皮肉《ひにく》ったりするもの
(3)生活《せいかつ》の知恵《ち え》となるもの

などに分けられます。

例

(1)石の上にも三年
（しんぼうが大切であるという教え。）

(2)医者《いしゃ》の不養生《ふようじょう》
（自分のことになるとついおろそかにしてしまう専門家《せんもんか》へのからかい。）

(3)暑《あつ》さ寒《さむ》さも彼岸《ひがん》まで
（暑さも秋の彼岸〈秋分の日〉を過《す》ぎるとしのぎやすくなるし、寒さも春の彼岸〈春分の日〉を過ぎるとやわらぐという、むかしの人が経験《けいけん》からえた生活のちえ。）

⚠注意▼ ことわざには、ことば通りの意味《い み》だけでなく、同時にたとえとしても用いられるものがとても多くあります。

例 「さるも木から落《お》ちる」
・表面《ひょうめん》の意味…木登《きのぼ》りの上手《じょうず》なさるでさえ、木から落ちることがある。
・たとえ………その道の達人《たつじん》でもときには失敗《しっぱい》することがある。

⚠注意▼ 同じことをたとえるのにも、いくつものことわざがある場合があります。

例
「さるも木から落ちる」＝「弘法《こうぼう》も筆《ふで》のあやまり」＝「かっぱの川流《かわなが》れ」
「医者の不養生」＝「紺屋《こうや》の白《しろ》ばかま」
「ねこに小判《こばん》」＝「ぶたに真珠《しんじゅ》」

[資料] ことわざ・語句の知識

ことわざ （赤シートを使っておぼえましょう。）

あ

悪事千里《あくじせんり》を走る▼悪《わる》い行いは、たちまち遠くまで知れわたってしまう。

あばたもえくぼ▼人を好《す》きになると、欠点《けってん》までよくみえてくるというたとえ。

あぶはち取らず▼両方《りょうほう》を手に入れようとすると、結局《けっきょく》どちらものがしてしまうように、欲《よく》を深《ふか》くすると失敗《しっぱい》する。＝**二兎《にと》を追《お》う者《もの》は一兎《いっと》をも得《え》ず**

雨だれ（点滴《てんてき》）石をうがつ▼小さな力でも根気《こんき》よく続《つづ》ければ、最後《さいご》には成功《せいこう》するという教え。

雨降《ふ》って地かたまる▼雨が降った後かえって地面《じめん》がかたくしまるように、もめごとが起《お》こった後はかえって物事《ものごと》が落《お》ち着《つ》いてよい結果《けっか》になる。

案《あん》ずるよりうむがやすし▼物事は実際《じっさい》にやってみると心《しん》配《ぱい》していたほどではなく、あんがいたやすいものである。

石の上にも三年▼冷《つめ》たい石でも、三年もその上にすわっていれば少しはあたたまってくるように、苦《くる》しくてもしんぼうすれば必《かなら》ずよくなるというたとえ、または教え。

石橋《いしばし》をたたいてわたる▼非常《ひじょう》に用心深く行動《こうどう》することのたとえ。

急《いそ》がばまわれ▼危険《きけん》の多い近道より、むしろ遠回りでも安《あん》全《ぜん》な道のほうがかえって早いものだ、ということから、何かする時には、多少時間がかかっても確実《かくじつ》な方法《ほうほう》をとるのがよいという教え。⟷**善《ぜん》は急げ**

医者の不養生▼その道の専門家《せんもんか》で、他人《たにん》にはりっぱなことをいってさとす人が自分はさっぱり実行《じっこう》しないという皮肉。

一寸《いっすん》の虫にも五分《ごぶ》のたましい▼とるに足りない弱小なものにも、それ相応《そうおう》の意地《いじ》があり、気楽にばかにしてはいけないという教え。

魚心《うおごころ》あれば水心《みずごころ》▼先方《せんぽう》が好意《こうい》を示《しめ》せばこちらもそれにこたえる。人の好意は互《たが》いに反応《はんのう》しあうものだというたとえ。

うそも方便《ほうべん》▼場合によってはうそをつかねばならないこともあるということ。

うそから出たまこと▼うそのつもりでいったことが、ぐうぜん事実《じじつ》になってしまうこと。

うどの大木（柱《はしら》にならぬ）▼体ばかり大きくても役《やく》に立たない人のことのたとえ、または皮肉。

馬の耳に念仏《ねんぶつ》▼馬に念仏を聞かせてもありがたみがわからないように、人の意見《いけん》や忠告《ちゅうこく》を少しも聞き入れないこと。＝**犬に論語《ろんご》**

おぼれる者はわらをもつかむ▼困《こま》り果《は》てたときには、全《まった》くたよりにならないものにもすがりついてしまうものだということのたとえ。

帯《おび》に短《みじか》し　たすきに長し▼物事の、中途《ちゅうと》はんぱで役に立たないことのたとえ。

思い立ったが吉日《きちじつ》▼物事をやろうと決心《けっしん》したら、じゃまが入らないうちにすぐやってしまうほうがいいという教え。

か

かっぱの川流れ▼泳ぎの達者《たっしゃ》なかっぱでもたまには水に流される。達人もたまには失敗するということ。

かべに耳あり　しょうじに目あり▼秘密《ひみつ》はもれやすいから注意《ちゅうい》しなさいという教え。

亀《かめ》の甲《こう》より年の功《こう》▼長年の経験《けいけん》は何よりもとうといという教え。

かわいい子には旅《たび》をさせよ▼子どもがかわいければ、甘《あま》やかして育てるより世間《せけん》に出して苦労《くろう》を体験させるほうがよい。

聞いて極楽《ごくらく》　見て地獄《じごく》▼人から聞くのと実際《じっさい》に見るのとでは大きなちがいだ。

聞くは一時《いっとき》の恥《はじ》　聞かぬは末代《まつだい》の恥▼人にものをたずねるのは一時の恥でしかないが、たずねるのをはずかしく思って一生そのことを知らずにいるのは後の世《よ》まで恥を残《のこ》すことになるという教え。

きじも鳴かずばうたれまい▼きじも鳴かなかったら、居《い》どころを気づかれて殺《ころ》されることもなかっただろうということから、よけいなことをいわなかったら、災《わざわ》いにあわずにすむ、という教え。

腐《くさ》っても鯛《たい》▼本当にすぐれている者は、落ちぶれたりだめになったりしたようでも、まだそれだけの値打《ねう》ちがあるという意味。

苦《くる》しいときの神《かみ》だのみ▼ふだんは信仰心《しんこうしん》のないものが、病気《びょうき》や災難《さいなん》などでこまったときだけ急《きゅう》に神にすがって助《たす》けを求《もと》めることへの皮肉。

芸《げい》は身《み》を助ける▼身についた芸があれば生活にこまったときの助けになるという教え。

弘法《こうぼう》は筆《ふで》をえらばず▼弘法大師《だいし》のように達筆《たっぴつ》な人は、筆のよしあしなど気にはしない。力のある人は道具《どうぐ》など問《もん》題《だい》にしないということ。

弘法も筆のあやまり▼どんなに学芸にすぐれた人でも、ときにはまちがいをおかすことがある。

紺屋《こうや》の白《しろ》ばかま▼他人のためになることばかりにいそがしくて、自分のことをするひまのないこと。

ころばぬ先のつえ▼何事も失敗しないうちに用心し準備《じゅんび》することが大切であるという教え。

さ

さるも木から落ちる▼その道の達人でもときには失敗することがあるということのたとえ。

三人よれば文殊《もんじゅ》の知恵▼特《とく》にすぐれた者《もの》でなくとも集《あつ》まって相談《そうだん》すれば、知恵をつかさどる文殊菩薩《ぼさつ》のようなよい知恵がでるものだ。

知らぬが仏《ほとけ》▼何も知らなければ、いらぬ心配《しんぱい》をしたり腹《はら》を立てたりするようなこともないから仏のようにおだやかな気持《きも》ちでいられるものであるというたとえ、または皮肉。

釈迦《しゃか》に説法《せっぽう》▼あることについてよく知っている者に対《たい》し、なお教えようとすることのおろかさのたとえ。

朱《しゅ》に交《まじ》われば赤くなる▼人は、環境《かんきょう》や友人によってよくも悪くもなるというたとえ、または教え。

好きこそものの上手なれ▼好きなことは一所懸命《いっしょけんめい》勉強《べんきょう》したり、工夫《くふう》したりするから自然《しぜん》に上達するものである。

住《す》めば都《みやこ》▼どんな場所でも住みなれてしまえば愛着《あいちゃく》がわいて住みやすくなるということのたとえ、または教え。

捨《す》てる神あれば拾《ひろ》う神あり▼世間《せけん》は広いから、だれかに見捨てられても助けてくれる人が現《あらわ》れてくるということ。

背《せ》に腹《はら》はかえられぬ▼目前にせまる苦難《くなん》をのがれるためには大切なものをぎせいにしてもしかたがないという意味。

せいては事をしそんじる▼物事はあまり急ぐとかえって失敗するものだから、急ぐときはあせらずに行えという教え。

船頭《せんどう》多くして船　山に登《のぼ》る▼事を進《すす》めるのに指図《さしず》する人が多すぎると、統一《とういつ》がとれず、かえってとんでもないほうへ物事が進んで行ってしまうということのたとえ。

善《ぜん》は急げ▼よいと思ったことは機会《きかい》をのがさないうちに急いですべきであるという教え。⟷**急がばまわれ**

千里の道も一歩より▼遠い旅も足元の一歩から始《はじ》まるということから、大きな計画も一つ一つの地道な作業《さぎょう》から始まるというたとえ。

た

短気《たんき》は損気《そんき》▼短気を起《お》こすと結局自分の損になるという教え。

たで食う虫もすきずき▼苦いたでの葉《は》を好《この》んで食べる虫があるように、人の好みはいろいろであるということのたとえ。

立つ鳥　あとをにごさず▼飛び立つ水鳥があとをにごさないように、人も立ち去《さ》るときは見苦《みぐる》しくないよう後始《あとし》末《まつ》をするべきであるという教え。

ちりも積《つ》もれば山となる▼ごく小さいものでも、積もり積もればとても大きなものになる。

出るくいは打《う》たれる▼出過《です》ぎた者や人よりすぐれた者は、とかく人よりねたまれたり非難《ひなん》されたりするものである。

灯台《とうだい》もと暗《くら》し▼灯台（しょく台）の下のほうが暗《くら》いのと同

じように、人も身近なことのほうがかえってわかりにくいものであるというたとえ。

となりの花は赤い▼なんでも他人のものはよく見えるというたとえ。＝**となりの芝《しば》は青い**

飛《と》んで火に入《い》る夏の虫▼夏の虫が火の明るさにひかれ、熱《あつ》いとは知らないで飛びこむように、自分からわざわざあぶないことに飛びこんで行くこと。

な

ないそではふれぬ▼金や物を出そうと思《おも》っても持《も》っていなければ出しようがない。ないものは出そうと思っても出せないというたとえ。

長いものにはまかれよ▼強いものには勝《か》てないから、意地をはらずにしたがうほうがよいという教え。

七転《ななころ》び八起《やお》き▼何度失敗してもくじけずまた勇気《ゆうき》をふるい起こして立ち向かっていくこと。＝**七転八起**

習《なら》うより慣《な》れよ▼物事は、人に教えてもらうよりも、実際《じっさい》に自分でやった方が自然に覚《おぼ》えこみ、上達するものだ。

二階《にかい》から目薬《めぐすり》▼二階から下にいる人に目薬をさすように、ひじょうにまわりくどくてじれったいことや効果《こうか》が少ないことのたとえ。

二兎《にと》を追《お》う者は一兎《いっと》をも得《え》ず▼同時に二羽《わ》のウサギをつかまえようとする者はどちらもとらえることができない。一度に二つの物事をしようとよくばっても結局《けっきょく》はうまく行かないのだから、一つずつていねいにやりなさいという教え。＝**あぶはち取らず**

ねこに小判《こばん》▼せっかくの貴重《きちょう》なものも、その値打《ねう》ちがわからず、ありがたみを感じない人にはむだであり、何の役にも立たないということのたとえ。＝**ぶたに真珠《しんじゅ》**

寝耳《ねみみ》に水▼不意《ふい》のできごとにおどろくことのたとえ。

能《のう》あるたかはつめをかくす▼本当に実力や才能《さいのう》があるものは、軽々《かるがる》しくそれを見せびらかすようなことはしないものだというたとえ。

のど元《もと》すぎれば熱さ忘《わす》れる▼心からこりたことでも、少したてば忘れてしまって同じあやまちをくり返すし、苦しいときに受《う》けた恩《おん》でも楽になると忘れてしまうという人間のおろかさをいう。

のれんにうで押《お》し▼こちらが積極的《せっきょくてき》にやっても何の手ごたえもなく、はりあいのないこと。＝**ぬかに釘《くぎ》・とうふにかすがい**

は

はしにも棒《ぼう》にもかからぬ▼何のとりえもなく、どうにも取り扱《あつか》いようのない者をいうことば。

早（朝）起きは三文《さんもん》の徳《とく》▼朝早く起きて働《はたら》くと、何かよいことがあるものだという教え。

百聞《ひゃくぶん》は一見《いっけん》にしかず▼人から何回聞くよりも自分の目で一度見るほうが確《たし》かだということ。

ひょうたんからこま▼ひょうたんから駒《こま》（＝馬）がとび出してくる。ありえないことが起こったり、じょうだんでいったことがぐうぜん真実《しんじつ》になることのたとえ。

へたの横好《よこず》き▼あることがへたであるにもかかわらず、とても好きで熱心にうちこんでいることへの皮肉。

仏《ほとけ》の顔も三度▼どんなおとなしい人や心の広い人でも、あまりにひどい行為《こうい》を何度もされればついには腹を立てる。

ま

三《み》つ子《ご》のたましい百まで▼幼《おさな》いときの性質《せいしつ》は死《し》ぬまで変《か》わらないということ。

矛盾《むじゅん》▼前後のつじつまがあわないこと。

もちはもち屋《や》▼物事にはそれぞれ専門家がいるものだという教え。

ら

類《るい》は友をよぶ▼気の合った者同士《どうし》・にた者同士は自然と集まる。

語句の知識　和語を中心に

あ

あおる

▼①うちわなどで風をおこす⬇消《き》えかけたたき火の火をあおる。

▼②風が強く吹《ふ》いて、物を動《うご》かす⬇風にあおられてテントが倒《たお》れた。

▼③たきつける。おだてる⬇けんかをあおる。

いつくしむ

▼（子どもや動物を）かわいがる⬇子をいつくしむ母の愛情。

いまわしい

▼よくない。いやな⬇大ケガをするという、いまわしい夢《ゆめ》を見た。

ういういしい

▼慣れていない。若々《わかわか》しくかわいらしい⬇まだういういしい新入生。

うとい

▼①親《した》しくない⬇仲《なか》のよかった彼《かれ》とも、卒業《そつぎょう》以来《いらい》うとくなってしまった。

▼②あまり知らない⬇ぼくは機械《きかい》のことにはうとい。

うららか

▼晴《は》ればれとして明るい⬇うららかな春の一日。

うわずる

▼（興奮《こうふん》して）高い調子《ちょうし》になる⬇興奮してうわずった声

になる。

おこがましい
▼出すぎて生意気《なまいき》だ。ずうずうしい⬇この程度《ていど》の練習《れんしゅう》で試合《しあい》に勝てると思うのはおこがましい。

惜《お》しみなく
▼おしいと思わずに⬇すばらしい演奏《えんそう》に、全員《ぜんいん》が惜しみない拍手《はくしゅ》をおくる。

おどける
▼ふざける⬇お笑《わら》い芸人のまねをしておどける。

か

かいがいしく
▼きびきびとした動作で、かげひなたなく働くようす⬇少年は朝早くから、かいがいしく働いた。

かもしだす
▼（気分などを）作り出す⬇明るいあいさつで、会場になごやかなふんいきをかもしだす。

喜々《きき》として
▼うれしそうなようす⬇子どもたちが喜々としてたわむれる。

朽《く》ちる
▼①木や草などが腐《くさ》る⬇柱《はしら》が朽ちかけた古い家。
▼②ほろびる。なくなる⬇ベートーベンの名は永遠《えいえん》に朽ちることはないだろう。

けだるい
▼なんとなくだるい⬇かぜをひいたのか、どうもからだがけだるい。

けばけばしい
▼非常《ひじょう》に、はでで目立つようす⬇原色《げんしょく》を使《つか》ったけばけばしい色彩《しきさい》の看板《かんばん》。

けんらん
▼きらきらと輝《かがや》くように美《うつく》しいようす⬇ごうかけんらんたる宝塚《たからづか》歌劇《かげき》の舞台《ぶたい》衣装《いしょう》。

心おきなく
▼心配《しんぱい》することなく。遠慮《えんりょ》することなく⬇宿題《しゅくだい》がすんだら、心おきなく遊《あそ》ぶことができる。

心なしか
▼気のせいか。そう思うせいか⬇心なしか、今日の彼は顔色が悪い。

こびる
▼相手《あいて》の気にいるようにふるまう⬇相手が金持ちだからといって、やたらにこびるのはいやしいことだ。

凝《こ》らす
▼心を集中《しゅうちゅう》する⬇よい作品にしようと、くふうを凝らす。

さ

ささだか

▼はっきりしていること⇩いろいろうわさされてはいるが真相《しんそう》はさだかでない。

したたか

▼①強く。たくさん。ひどく⇩階段《かいだん》をふみはずし、腰《こし》をしたたか打った。

▼②てごわい⇩敵《てき》はしたたかだ。用心しろ。

すたれる

▼衰《おとろ》える。はやらなくなる⇩十年前にはやったファッションも、今はすたれた。

た

とがめる

▼①見て怪《あや》しく思い、とがめる⇩警官《けいかん》に見とがめられた少年は、急に逃《に》げ出した。

▼②（自分自身に対して）悪いと思う⇩うそをついて、気がとがめる。

は

降《ふ》りしきる

▼盛《さか》んに降る⇩降りしきる雪の中、帰り道をいそぐ。

ま

みすみす

▼目の前に見ながら。わかっていながら⇩せっかくの機会をみすみす見送《みおく》るばかはいない。

もくろむ

▼くわだてる。計画する⇩政府《せいふ》の打倒《だとう》をもくろむ。

ものの

▼①だいたい（わずか、という気持ち）⇩ものの五分も待てばすいた電車がくるはずだ。

▼②いかにも。実《じつ》に⇩ロケット打ち上げの実験《じっけん》はもののみごとに成功《せいこう》した。

▼③…けれども。…が⇩きつくしかったものの、なんだかかわいそうになってきた。

や

ゆえん

▼わけ。いわれ。理由。⇩人から悪口を言われるゆえんはない。

よどみなく

▼口ごもったりせず、すらすらと⇩よどみなく演説《えんぜつ》する。

よどむ

▼①水が流《なが》れないでとどこおる⇩川の流れがよどむ。

▼②すらすらとは進まない⇩君が言いよどむ気持ちはわかるが、はっきり言ってほしい。

よもや

▼まさか。いくらなんでも⇩よもや負《ま》けるとは思わなかった。

要点のまとめ

赤シートを使って復習しましょう。

◆にた意味のことわざの組み合わせ
・紺屋の白ばかま＝医者の不養生
・のれんにうで押し＝ぬかにくぎ＝とうふにかすがい
・ぶたに真珠＝ねこに小判
・弘法も筆のあやまり＝さるも木から落ちる＝かっぱの川流れ
・弱り目にたたり目＝泣き面《つら》にはち

◆反対の意味のことわざの組み合わせ
・好きこそものの上手なれ↔へたの横好き
・善は急げ↔急がばまわれ
・後は野となれ山となれ（後はどうなろうと構《かま》わない）↔立つ鳥あとをにごさず

練習問題

① 次のことわざの（　）の中にあてはまる数字を漢字で書きいれなさい。

(1) 石の上にも（　）年
(2) 千里の道も（　）歩より
(3) 一寸の虫にも（　）分のたましい
(4) 三つ子のたましい（　）まで
(5) （　）階から目薬

② 次のことわざとにたような意味をもつことわざを、後からえらび、記号で答えなさい。

(1) さるも木から落ちる（　）
(2) せいては事をしそんじる（　）
(3) 二兎を追う者は一兎をも得ず（　）
(4) 医者の不養生（　）
(5) ねこに小判（　）

ア　あぶはち取らず
イ　ぶたに真珠
ウ　かっぱの川流れ
エ　紺屋の白ばかま
オ　急がばまわれ

③　次の（　）に、ふさわしいことばを入れ、ことわざを完成させなさい。

(1) あばたも（　　　　）
(2) 寝耳に（　　　　）
(3) となりの（　　　　）は赤い
(4) うそから出た（　　　　）
(5) 能ある（　　　　）はつめをかくす
(6) 住めば（　　　　）
(7) かべに耳あり　しょうじに（　　　　）あり
(8) 出る（　　　　）は打たれる
(9) ちりも積もれば（　　　　）となる
(10) 帯に短し（　　　　）に長し

④　次の（　）にあてはまる表現を後から選び、記号で答えなさい。

(1) （　　　　）すがたが、かわいい少女。
(2) 桜の花が（　　　　）とさき出す。
(3) 人から悪口をいわれる（　　　　）はない。
(4) 目上の人に（　　　　）な言い方をしてはいけない。
(5) 春の（　　　　）日ざしをあびる。
(6) うそをついて気が（　　　　）。
(7) 母についたうそは（　　　　）ばれていた。
(8) どうしてそんなうわさがたったのか、うわさのでどころは（　　　　）。
(9) 赤ちゃんの（　　　　）なほっぺた。
(10) 文化の日に（　　　　）行事。

ア　うららかな　　イ　さだかではない
ウ　ちらほら　　エ　ちなんだ
オ　とがめる　　カ　ゆえん
キ　はにかむ　　ク　ふくよか
ケ　ぶしつけ　　コ　もののみごとに

第十一章 文のなりたち
主語《しゅご》・述語《じゅつご》／文型《ぶんけい》

学習のねらい
「主語―述語」や「三つの文型」を学び、文のしくみを考えましょう。

文章はいくつかの文のあつまりからなっています。

1 文とは何か？

文とは、まる（。）の終《お》わったところから次のまる（。）までをさします。

注意▼ てん（「、」・読点）からまる（「。」・句点）までだったら、一つの文とはいえません。たとえば、次の(1)の「火事だ。」は文ですが、(2)の「私は海へ行った。」は文とはいえません。「きのう、」をふくめてはじめて文になるのです。

(1)火事だ。
(2)きのう、私は海へ行った。

2 文節《ぶんせつ》という単位《たんい》

文をさらに細かく分けると、**「文節」**というものに分けることができます。文節とは、だいたいが物《もの》の名〔名詞《めいし》〕や動作《どうさ》〔動詞《どうし》〕や様子《ようす》〔形容詞《けいようし》・形容動詞《けいようどうし》〕を表《あらわ》すことばの後にいくつかのことばがくっついてできたものです。

例
はさみ⇩はさみが　学校⇩学校へ
走る⇩走った　結《むす》ぶ⇩結びます
答える⇩答えるだろう　美《うつく》しい⇩美しく
新しい⇩新しかった　元気だ⇩元気でした

次のようなことばは下になにもつけないで文節になることが多くあります。

例
しかし・そして〔接続詞《せつぞくし》〕
いきなり・つい〔副詞《ふくし》〕
いかなる・たいした〔連体詞《れんたいし》〕

文節の区切《くぎ》り方⇩『ネ』をはさんでみる
『あのネ』とか『それでネ』という場合の『ネ』です。

例
昨日は学校で小さいできごとがおきました。
⇩昨日は**ネ**学校で**ネ**小さい**ネ**できごとが**ネ**おきました。＝文節の数は五つ

③文型

〔動詞型／形容詞型・形容動詞型／名詞＋『だ』型〕

日本語の文には大きく分けて三つの型があります。それは、文の終わり（述語といいます）で見分けることができます。次の例では——線部が『述語』です。

ア『**何が……どうする。**』型の文
最後《さいご》が動作を表すことば〔動詞〕で終わる文
例 飛行機《ひこうき》が空を飛ぶ。

イ『**何が……どんなだ。**』型の文
最後が様子を表すことば〔形容詞・形容動詞〕で終わる文
例 海はとてもおだやかだった。

ウ『**何が……何だ。**』型の文
最後がものごとを表すことば〔名詞〕＋『だ』で終わる文
例 太郎は学生だ。

④述語と主語

③のア〜ウの三つの文型のそれぞれについて、述語に対応する『主語』ということばがあります。

アの例では、『飛ぶ』が述語で『飛行機が』が主語です。

イの例では、『おだやかだった』が述語で『海は』が主語です。

ウの例では、『学生だ』が述語で『太郎は』が主語です。

※つまり述語に対して『何々《なになに》は』、『何々が』にあたることばが主語です。

⑤主語と述語のみつけかた

(1)はじめに述語をみつけます。（述語は、ほとんどの場合、文の最後にあります。）

(2)それからその述語に応じた主語（「何が」）をみつけるようにします。

注意▼ただし、主語や述語のどちらかが省略《しょうりゃく》される場合がありますから気をつけてください。

例 あっ、花びんが。（落《お》ちる）……述語の省略
（雨が）ふってきたね。……主語の省略
（会話の場合には主語の省略が多い。）

注意▼述語が先、主語があとにおかれる時もあります。〔倒置《とうち》といいます。〕

例 ふりそうだね、雪が。……（雪がふりそうだね。）

6 修飾語《しゅうしょくご》

あることば（または文節）の意味《いみ》や内容《ないよう》をくわしく言い定《さだ》める（説明《せつめい》する）文節が修飾語です。

(1) 白い　雲が　見える。（どんな➡何）
(2) 雲が　白く　見える。（どんなふうに➡する）
(3) 本を　読む。（何を➡する）
(4) 本に　書きこむ。（何に➡する）
(5) 今から　行く。（いつ➡する）
(6) 遠いので　やめる。（なぜ➡する）

（―部（修飾語）は・・の部分をくわしく説明しています。）

◆修飾の関係を知ることは、主語・述語の関係をよりくわしく知ることになるので、きわめて大切なことです。

修飾語	主語	修飾語	述語
どこにある どの どれほどの だれの どんな	何が（は）――	いつ どこで 何を 何に どのように なぜ	どうする。 どんなだ。 何だ。

---

① 修飾する文節は、修飾される文節（被《ひ》修飾語という）より前にありますが（すぐ上にあるとは限りません）、とちゅうに他の文節をはさむことがあります。

(1) 大きな　石が　谷間に　落ちる。
(2) 谷間に　大きな　石が　落ちる。
(3) ころころと　谷間に　石が　落ちる。

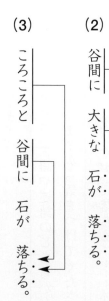

② 修飾語は、二つ以上重なることがあります。

(1) 円い　大きな　赤い　花が　さいた。

円い
大きな
赤い
→花が　さいた。

(2) 映画に　仲《なか》よしの　友だちと　行く。

映画に
仲よしの → 友だちと
→行く。

(3) もっと　ゆっくり　走ろう。

もっと
→ゆっくり
→走ろう。

第十一章　文のなりたち　主語・述語／文型

要点のまとめ

赤シートを使って復習しましょう。

◆文節の区切り方…『ネ』をはさんでみる

例 今日ネぼくはネ学校にネ行った。
　↓文節の数は（4）

◆文の三つの型

(1) 何が どうする。 型→動作を表すことばで終わる

(2) 何が どんなだ。 型→様子を表すことばで終わる

(3) 何が 何だ。 型→ものごとを表すことばで終わる

◆主語と述語

「明日わたしは家にいます。」という文の場合、主語は わたしは で、述語は います です。

◆修飾語

「赤い花がさいた。」という文の場合、赤い ということばが 花が という文節を修飾します。

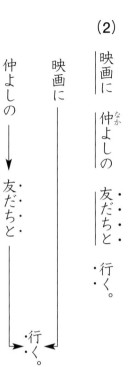

練習問題

① 次の文章にはいくつの文がありますか。文の切れ目に「。」（句点《くてん》）をつけ、文の数を〔　　〕の中に漢数字《かんすうじ》で書きなさい。

それからみんなでママの作ったスープを食べました夕方の光が窓からさしこんでいますパンはパパが焼きましたできたてでまだほかほかです

〔　　〕つの文

② 次の文はそれぞれいくつの文節からなっていますか。文節ごとに文を区切って文節の数を数え、漢数字で〔　　〕の中に書きなさい。

(1) 朝顔の花がさきました。〔　　〕

(2) お母さんは、自転車を走らせた。〔　　〕

(3) わたしの部屋はたいへん明るい。〔　　〕

(4) 昨夜《さくや》はずっとあらしが続《つづ》いたので、いっすいもできなかった。〔　　〕

(5) 水平線の向こうには一年中夏が続く国があります。〔　　〕

③ 次の文はそれぞれ後のA～Cのうちどの型の文ですか。記号《きごう》で答えなさい。

(1) 日曜日は楽しい。〔　　〕

(2) ちょうが花のみつをすっている。〔　　〕

(3) この店は何時に開きますか。〔　　〕

(4) スイスは自然の美しい国です。〔　　〕

(5) 映画のおかげでみんなきげんがよかった。〔　　〕

(6) 今日はとても寒い日だった。〔　　〕

(7) 雪が一晩で屋根まで積もった。〔　　〕

(8) 教室の中は、水をうったように静かだった。〔　　〕

A 『何が　どうする。』型

B 『何が　どんなだ。』型

C 『何が　何だ。』型

④ 次の文の主語と述語をそれぞれ記号で答えなさい。主語あるいは述語がない場合はそのらんに×を書きなさい。

(1) ア美しい　イ色を　ウした　エ小鳥が　オ庭の　カさくらの　キ木で　クさえずっている。
主語〔　　〕述語〔　　〕

(2) アついに　イできあがったよ、　ウぼくたちの　エ家が。
主語〔　　〕述語〔　　〕

(3) ア公園には　イ美しい　ウ花も　エいっぱい　オさきます。
主語〔　　〕述語〔　　〕

(4) アあなたは　イこれから　ウいったい　エどちらまで。
主語〔　　〕述語〔　　〕

(5) ア毎朝　イ学校へ　ウ行く　エ前に、　オ漢字の　カ勉強を　キ十五分だけ　クやります。
主語〔　　〕述語〔　　〕

---

⑤ 次の文はいくつの文節からできていますか。〔　〕の中に文節の数を算用数字で書きなさい。また、主語を○でかこみ、述語には——線を引きなさい。主語あるいは述語がない場合もあります。

【例】 桜の花がみごとにさいた。〔4〕

(1) 中庭のチューリップが、たいへんきれいです。〔　　〕

(2) かわいい小鳥がそっとえだにとまった。〔　　〕

(3) 青くすみきった空にちぎれ雲がぽっかりとうかびます。〔　　〕

(4) ポチはぼくによくなついた犬です。〔　　〕

(5) きのうの夜にとつぜんだれかに手紙を出そうと思った。〔　　〕

第十二章　敬語《けいご》

学習のねらい
「尊敬語」「謙譲語」「ていねい語」の使い分けを学びます。

話している相手《あいて》や話題《わだい》にでてくる人物《じんぶつ》を尊敬《そんけい》する気持《きも》ちを表《あらわ》すことばを**敬語**といいます。
たとえば、
・お客様　・先輩　・先生　・年上の人（家族）
など、おもに目上の人や気をつかう必要《ひつよう》のある相手と話す時に用います。

敬語の種類

尊敬語（そんけいご）
謙譲語（けんじょうご）〔謙そん語〕
丁寧語（ていねいご）

1 尊敬語

話し相手や話の中に出てくる人、またはその動作《どうさ》などを敬《うやま》う場合にもちいることば。

(1)相手の動作を尊敬する特別《とくべつ》な言い方を使《つか》う。

例
「なさる」（する）
「いらっしゃる」（いる・いく・来る）
「おっしゃる」（言う）　「くださる」（くれる）
「めしあがる」（食べる）
「ごらんになる」（見る）

(2)相手の動作を表す言葉に「れる」「られる」をつける。

例
「書か**れる**」　「教え**られる**」

(3)「お（ご）～になる（なさる）」の形を使う。

例
「**お**読み**になる**」　「**ご**出発《しゅっぱつ》**になる**」

2 謙譲語〔謙そん語〕

自分や自分の身内《みうち》の動作をへりくだることによって、相手を敬う場合に用いることば。

(1) **自分の動作を謙そんする（へりくだる）特別な言い方を使う。**

例 「申《もう》す」（言う）・「申し上げる」（言う）
「いたす」（する）・「うかがう」（行く・聞く）
「いただく」（もらう・食べる・飲《の》む）
「まいる」（行く・来る）「拝見《はいけん》する」（見る）

(2) **「お（ご）～する（いたす）」の形を使う。**

例 「**お持ちする**」 「**ご報告《ほうこく》する**」

注意▼ 敬うべき相手と話す時は、自分の身内に対《たい》しては敬意《けいい》を表す呼《よ》び方をしないように気をつけます。

例 ×「あいにく**お父さん**は今出かけております。」
○「あいにく**父**は今出かけております。」

3 丁寧語

改《あらた》まった気持ちで、話しぶりを丁寧にすることば。

---

(1) **「です」「ます」「ございます」をつける。**

(2) **ことばの上に「お」や「ご」をつける。**

例 「**ご飯《はん》**」 「**お茶**」 「**お菓子《かし》**」

注意▼ 「お」や「ご」をつけすぎないようにする。

注意▼ 「ご意見《いけん》」「ご希望《きぼう》」「お着物《きもの》」など、相手の考え、持ちもの、相手がしてくれること（ご連絡《れんらく》、お電話など）は尊敬語になるので特に注《ちゅう》意《い》すること。

知《ち》識《しき》のしずく

"ファミレス敬語"、実は×。

コンビニエンス・ストアやファミリーレストランなどで聞く「千円**から**お預りします」「メニュー**のほう**お下げします」「こちらがハンバーグ**になります**」という言い方は、試験《しけん》などではまちがったことばの使い方とされています。

要点のまとめ

赤シートを使って復習しましょう。

「ごらんになる」「拝見する」はそれぞれ、「見る」の尊敬語・けんじょう語とよばれます。これを参考にして、つぎの表の空らん(1)〜(5)にふさわしいことばをあとの語群からえらび、記号《きごう》で書き入れなさい。

	尊敬語	謙譲語
行く	(1) ク	(2) エ
いう	(3) キ	もうす
する	(4) ウ	(5) ア

ア　いたす　イ　します　ウ　なさる
エ　まいる　オ　しなさい　カ　行きます
キ　おっしゃる　ク　いらっしゃる

練習問題

① **次の(1)〜(5)の――線部は、A〜Cのどれにあたりますか。それぞれ記号で答えなさい。**

A　尊敬語　B　ていねい語　C　けんじょう語

(1) 先生からお菓子《かし》をいただいた。〔　〕
(2) よろしかったらそのお荷物《にもつ》をお持ちしましょうか。〔　〕
(3) 写真《しゃしん》のまんなかにいるのが父です。〔　〕
(4) ごゆっくりめし上がって下さい。〔　〕
(5) 私《わたし》も先生のお宅《たく》にうかがうことになっている。〔　〕

② 次の(1)～(5)の文の敬語の使い方が正しければ○、まちがっていれば×を記入しなさい。

(1) 「先生によろしく」と母がおっしゃっておりました。〔　〕

(2) 申しわけありませんが、もう少し中へおつめして下さい。〔　〕

(3) 先生はその絵を拝見《はいけん》なさいました。〔　〕

(4) あなたのお母さんは今お家《うち》にいらっしゃいますか。〔　〕

(5) 先生のおっしゃるとおりです。〔　〕

③ 次の□の中にあてはまることばを、あとからえらび、記号を○でかこみなさい。

明日、お宅に［(1)］ますと［(2)］が［(3)］おりました。

(1) ア うかがい　イ 行き　ウ 行かれ
(2) ア 父　イ お父さん　ウ 父上
(3) ア 言って　イ おっしゃって　ウ 申して

④ 次の文を読んで、――線部のことばを、ふさわしい敬語に直して、（　）に書きなさい。

(1) 昨日《きのう》、わたしの家に先生が来た。（　）

(2) 近所《きんじょ》の人に「おとうさん、いらっしゃる」と聞かれたので、わたしは、「おとうさんはいらっしゃいません」と答えた。（　）

(3) お客さまにもらったかばん。（　）

(4) 先生のご意見を聞いてから決めたいとおもいます。（　）

(5) 校長先生が、生徒にむかって「今日の運動会はどうでしたか」と申しました。（　）

(6) お客さまは、もうその本を拝見しましたか。（　）

入試問題にチャレンジ！

（中学入試過去問題集）

入試問題にチャレンジ！① 国語辞典《じてん》の引き方

ある国語辞典では、次のようなきまりにしたがって見出し語をならべています。

① 見出し語をかな書きにして、あいうえお順《じゅん》（五十音順）にならべる。

② 一字めが同じ発音の場合は二字めで、二字めも同じ場合は三字めで決めるというふうに、五十音順にならべる。

③ 濁音《だくおん》の「ば」「ぶ」「ぼ」などは清音《せいおん》の「は」「ふ」「ほ」のあとに、半濁音《はんだくおん》の「ぱ」「ぷ」「ぽ」などは濁音のあとにならべる。

④ 拗音《ようおん》の「ゃ」「ゅ」「ょ」や促音《そくおん》の「っ」などのような小さい文字で書くかなは、ふつうの「や」「ゆ」「よ」や「つ」などのあとにならべる。

⑤ のばす音（長音）をふくむ言葉は、たとえば「コーヒー」を「コオヒイ」と考えるように、その上の母音《ぼいん》をくり返した形におきかえてならべる。

⑥ 見出し語が同じ発音の場合は、ひらがなを先に、カタカナをあとにならべる。

⑦ 見出し語の読みが全く同じ場合は、あてはまる漢字の一字めの画数が少ない方から順にならべる。漢字の一字めの画数が同じ場合は二字めで、二字めも同じ場合は三字めで決めるというふうに、画数の少ない順にならべる。

次の1〜5の語群《ごぐん》の言葉《ことば》を、右のきまりにしたがって、それぞれならべかえて記号《きごう》で答えなさい。

1 ア 不安　イ ファンファーレ　ウ ファミコン

2 ア 表《ひょう》　イ 美容《びよう》　ウ 費用《ひよう》

3 ア しょっぱい　イ 食器　ウ しょっちゅう

4 ア ヒント　イ びんづめ　ウ ピンセット

5 ア 成果《せいか》　イ 正価《せいか》　ウ 生花《せいか》

（聖光学院中）

◆各4点

1	2	3	4	5
↓　↓	↓　↓	↓　↓	↓　↓	↓　↓

得点
/20

入試問題にチャレンジ！② 漢字《かんじ》の部首《ぶしゅ》・かなづかい・送りがな

① 洋・油	② 庭・庫	③ 背・肥	④ 快・性	⑤ 都・郡

問1 ①〜⑤の漢字の部首名をそれぞれ答えなさい。

問2 ①〜⑤の部首が表《あらわ》していることがらとして最《もっと》も適当《てきとう》なものを後のア〜シからそれぞれ選《えら》び、記号《きごう》で答えなさい。

ア 子供《こども》　イ 集落《しゅうらく》　ウ 植物《しょくぶつ》　エ 宝物《たからもの》　オ 衣服《いふく》　カ 屋根《やね》　キ 道路《どうろ》

ク 人体　ケ 水　コ 火　サ 心　シ 神《かみ》

（普連土学園中）

問3 次のイからホの傍《ぼう》線部の表記《ひょうき》が正しいものには○を、誤《あやま》っているものには×を記《しる》しなさい。

イ おおきい犬。　ロ おとおさん、おかあさん　ハ 気おつける

ニ いいと言わざるおえない　ホ そーしてから、出かけた

（多摩大学目黒中）

問4　①〜③の文の◯に合うように送り仮名《がな》を入れ、文を完成《かんせい》させなさい。

①　ア　何度《なんど》も失敗《しっぱい》を重◯◯うちに理解《りかい》した。
　　イ　今のままではとても気が重◯だろう。

②　ア　毎朝六時に目を覚◯◯。
　　イ　これから料理を覚◯◯。

③　ア　明日の茶会では和服を着◯予定です。
　　イ　父は間もなく飛行場《ひこうじょう》に着◯ころです。

（聖徳大学附属中）

問1	問2	問3	問4
①	①	イ	① ア 重
②	②	ロ	① イ 重
③	③	ハ	② ア 覚
④	④	ニ	② イ 覚
⑤	⑤	ホ	③ ア 着
			③ イ 着

◆問1・2…各1点　問3…完答4点　問4…各完答2点

得点
/20

入試問題にチャレンジ！③　四字熟語《じゅくご》

次に挙《あ》げる1～15の四字熟語に関《かん》して、①～⑧の問いに答えなさい。

1　[A]苦[B]苦（非常《ひじょう》に苦《くる》しむこと）
2　[A]発[B]中（すべて命中《めいちゅう》すること）
3　[A]期[B]会（一生にたった一度の出会い）
4　[A]変[B]化（めまぐるしく変《か》わる）
5　[A]載《ざい》[B]遇《ぐう》（めったにない良い機会《きかい》）
6　[A]挙[B]動（一つ一つのふるまい）
7　[A]寒[B]温（三日寒《さむ》い日が続《つづ》けば四日間は暖《あたた》かい）
8　[A]長[B]短（長所《ちょうしょ》があれば短所《たんしょ》もある）
9　[A]転[B]倒《とう》（ころげまわって苦しみもだえる）
10　[A]刻《こく》[B]金（わずかな時間にも大切な価値《かち》がある）
11　[A]人[B]色（人の好《この》みや考えはそれぞれ違《ちが》う）
12　[A]進[B]退《たい》（よくなったり悪《わる》くなったり）
13　[A]差[B]別（それぞれに違っている）

14 [A]石[B]鳥（一つのことで同時に二つのことを得《え》る）

15 [A]朝[B]夕（わずかの日時）

① [A]・[B]のどちらにも漢数字《かんすうじ》の「一」が入る熟語は全部《ぜんぶ》でいくつあるか。算用数字で答えなさい。

② [A]・[B]のどちらにも漢数字「十」が入るものはどれですか。

③ [A]・[B]のどちらにも「百」という漢数字が入るのはどれですか。

④ [A]が「四」、[B]が「八」である熟語はどれですか。

⑤ [A]・[B]にそれぞれ「一」「千」が入る熟語はどれですか。

⑥ [A]・[B]にそれぞれ「七」「八」が入る熟語はどれですか。

⑦ [A]・[B]にそれぞれ「千」「一」が入る熟語はどれですか。

⑧ [A]に「千」、[B]に「万」が入る熟語を番号《ばんごう》が若《わか》い順に二つあげなさい。

（慶應義塾中等部）

①	②	③	④	⑤	⑥	⑦	⑧

◆①…3点　②～⑦…各2点　⑧…完答5点

得点
／20

入試問題にチャレンジ！④　慣用句《かんようく》

問1　次のA～Dは、「目をうばう」のような目を用いたひとつのつながりのことばです。□の中にひらがな一字ずつを入れて、A～Dの文を完成《かんせい》させなさい。

A　春子さんは甘《あま》いものには目が□□。

B　祖父《そふ》にとって孫《まご》の夏子は目に□□ても痛《いた》くない存在《そんざい》だ。

C　秋子さんは目の□□□ようなあざやかな色の着物《きもの》を着ている。

D　冬子さんは目から鼻へ□□□ような頭のよい人だ。

（聖心女子学院中等科・改）

問2　次の慣用句の意味《いみ》を後のア～オの中から選《えら》び、記号《きごう》で答えなさい。

1　さじを投げる　2　一目《いちもく》置く　3　油を売る　4　足もとを見る

ア　すぐれた者《もの》に敬意《けいい》をはらう

イ　見こみがないとあきらめる

ウ　むだ話などをして仕事《しごと》をなまける

エ　とらえどころがない

オ　人の弱みにつけこむ

（横浜共立学園中・改）

問3　次の□には組ごとにそれぞれ同じ言葉《ことば》が入ります。下の意味を表《あらわ》す慣用句になるように適当《てきとう》な言葉を入れなさい（ひらがなでもよい）。

1　図に□（いい気になる）　口車に□（たくみな言葉にだまされる）

2　たなに□（自分にふつごうなことはわざとふれないでおく）

3　音を□（つらさにたえかねて情けないことを言う）

□髪《がみ》を引かれる（あとに心が残り思い切れない）

□指をさされる（かげで他人から非難《ひなん》される）

4　□の手も借《か》りたい（非常《ひじょう》にいそがしい）

□のひたい（非常にせまい）

（横浜共立学園中）

問1	問2	問3
A	1	1
B	2	2
C	3	3
D	4	4

◆問1・2…各2点　問3…各1点

得点
/20

問1　次の1〜3のことわざについて、□に入る適当《てきとう》なことばを【A群《ぐん》】よりそれぞれ選《えら》んで、記《き》号《ごう》で答えなさい。さらに、それらの意味《いみ》として正しいものを【B群】よりそれぞれ選んで、記号で答えなさい。

1　類《るい》は□を呼《よ》ぶ　2　たで食う□も好《す》き好き　3　□ある鷹《たか》は爪《つめ》をかくす

【A群】
ア　腹《はら》　イ　友　ウ　能《のう》　エ　人　オ　虫　カ　頭

【B群】
ア　さしせまった時には他《ほか》をかえりみるゆとりがないこと
イ　人の意見《いけん》や忠告《ちゅうこく》を少しも聞き入れないこと
ウ　本当に実力《じつりょく》のあるものは、やたらにそれを現《あらわ》さないということ
エ　幼《おさな》いときの性質《せいしつ》は年をとっても変《か》わらないこと
オ　似《に》た者同士《ものどうし》は自然《しぜん》と寄《よ》り集《あつ》まること
カ　人の好《この》みはさまざまであること

（浦和実業学園中）

問2　次の1〜7に続《つづ》く最《もっと》も適切なものを、それぞれア〜キの中から選んで、記号で答えなさい。

1　雲をつかむような

ア　変《か》わらない町並《な》み。

2 火が消《き》えたように
3 水を打《う》ったように
4 竹を割《わ》ったような
5 火がついたように
6 十年一日《いちじつ》のように
7 天にものぼるような

イ 泣《な》き出した子ども。
ウ さっぱりした人柄《ひとがら》。
エ うれしい知らせ。
オ 静かな教室。
カ さびしい団地。
キ はっきりしない計画。

（横浜雙葉中）

問1	問2
1 A	1
1 B	2
2 A	3
2 B	4
3 A	5
3 B	6
	7

◆問1…各1点　問2…各2点

得点
／20

問1　次の各文中から、それぞれ主語《しゅご》・述語《じゅつご》にあたることばを書きなさい。なお、それに当たることばがない場合は、×印を記入《きにゅう》しなさい。

1　ほんとうに　きれいだね、向こうに　見える　山は。

2　おじさん、いま　やっと　ここに　着いたよ。

3　今年の　夏休みは　よく　プールで　泳ぎました。

4　確《たし》かに　その　時　かれも　学校に　いた。

5　東京からは　太郎君だけ　遠い　ところを　やってきた。

（松蔭中）

問2　例《れい》にならって、次の‖線の言葉《ことば》がかかっている部分《ぶぶん》（修飾《しゅうしょく》している部分）を選《えら》び、記号《きごう》で答えなさい。

例　‖きっと、‖ ア あすは　イ 青空が　ウ 見られるだろう。　答え　ウ

ア 健一は　‖元気に‖　イ 町の　ウ 学校に　エ 通っていたが、　オ たまに　カ 休みたく　キ なる　ク ことも　ケ あった。

（国府台女子学院中学部）

問3　次の①～④について、（　）の中のことばをすべて使い、例にならって並《なら》べかえたり形をかえたりして、それぞれ文として完成《かんせい》させなさい。答えは（　）の中だけを書けばよい。

例　本を（読む　た　ます）。→ 読みました

① 彼らはお花見に（ようだ　行く　たい）。
② 入学式が（た　れる　ます　行う）。
③ なまけ者《もの》にも必《かなら》ず（勉強する　ます　せる）。
④ 子どもには何でも（ます　食べる　う　させる）。

（鎌倉学園中）

問1	主語	述語
1		
2		
3		
4		
5		

問2

問3	
①	②
③	④

◆問1…各完答2点　問2・3…各2点

得　点
／20

問1　学校の自由研究《じゆうけんきゅう》の調査《ちょうさ》のために博物館《はくぶつかん》に行く計画を立てています。館内のくわしい情報《じょうほう》を知りたいので、博物館のパンフレットを送ってもらえるかどうか電話でたずねることにしました。その聞き方としてふさわしいように、次の――線①～③を直しなさい。

「こんにちは。私、〇〇小学校の目白花子と①いいます。学校の自由研究の調査で今度《こんど》そちらへ②行きたいのですが、前もって調《しら》べたいことがありますので、パンフレットを一部③送ってくれませんか。」

（目白学園中）

問2　次のイ～ニの――線のうち、ひとつだけ使い方が誤《あやま》っているものがあります。その記号《きごう》を記《しる》し、正しい表現《ひょうげん》に改《あらた》めなさい。

イ　昨日《きのう》私《わたし》は先生のお宅《たく》にうかがいました。

ロ　妹がお客様に食事《しょくじ》を差《さ》し上げました。

ハ　先生が私の手紙を拝見《はいけん》いたしました。

ニ　その日私はずっと家におりました。

（國學院大学久我山中）

問1			問2	
①	②	③	記号	正しい表現

◆各5点（問2は完答）

得点
／20

練習問題《模範解答》

8割（24点）以上得点できるように、くりかえし練習しましょう。

第一章　かなづかい〔各1点・計30点〕

❶ (1) もみぢ　→　じ　(2) ○　(3) てえねい　→　い　(4) ずける　→　づ　(5) ○
(6) ゆう　→　い

❷ A　ずつ・つづけて・やりとおす・むずかしい　B　ちかぢか・は・とうさん・へ

❸ (1) イ　(2) ア　(3) ア　(4) イ　(5) ア　(6) イ　(7) ア　(8) ア
(9) ア　(10) イ　(11) ア　(12) イ　(13) ア　(14) ア　(15) イ　(16) ア

第二章　送りがな〔各1点・計30点〕

❶ (1) イ　(2) イ　(3) イ　(4) ア　(5) ア　(6) イ　(7) イ　(8) ア
(9) イ　(10) ウ

❷ (1) ウ　(2) イ　(3) ウ　(4) イ　(5) ア　(6) ア　(7) イ　(8) イ
(9) イ　(10) イ

❸ (1) (細)かい　(2) (細)い　(3) (動)かす　(4) (動)く　(5) (明)ける
(6) (明)るい　(7) (苦)い　(8) (苦)しむ　(9) (新)しい　(10) (新)たに

第三章　漢字〔各1点・①〜③計30点／④〜⑥計30点〕

① (1) やまいだれ　(2) かねへん　(3) はばへん　(4) ぎょうがまえ（ゆきがまえ）
(5) こざとへん　(6) あくび　(7) あめかんむり（あまかんむり）
(8) おおざと　(9) りっとう　(10) おいかんむり（おいがしら）

② (1) 10　(2) 11　(3) 5　(4) 10　(5) 16　(6) 9　(7) 12　(8) 18

③ (1) れんが（れっか）・11　(2) ひとあし（にんにょう）・3
(3) のぶん（ぼくにょう）・8　(4) えんにょう・6　(5) みみ・8
(6) こころ（したごころ）・7
（部首名・画数　各1点）

④ (1) ウ　(2) ア　(3) エ　(4) オ　(5) イ

⑤ ① タイ　② まつ　③ おおがい　④ 19　⑤ はつがしら
⑥ のぼる　⑦ くにがまえ　⑧ コ　⑨ 7　⑩ キュウ

⑥ (1) 1　(2) 3　(3) 8　(4) 1　(5) 2　(6) 4　(7) 9　(8) 2
(9) 1　(10) 3　(11) 2　(12) 3　(13) 5　(14) 3　(15) 1

第四章　漢字の読み（音読みと訓読み）〔各1点・計30点〕

① (1) カイ・エ　(2) モツ・ブツ　(3) ニチ・ジツ　(4) カ・ケ　(5) コウ・ゴ
(6) ヘイ・ビョウ　(7) チョク・ジキ　(8) チャ・サ
（各　完答）

② (1) おぼ（える）・さ（める）　(2) い（く）・おこな（う）　(3) くる（しい）・にが（い）

(4) すこ（し）・すく（ない）　(5) ほそ（い）・こま（かい）　(6) しあわ（せ）・さいわ（い）
(7) ただ（ちに）・なお（る）　(8) おも（い）・かさ（ねる）（各　完答）

③
(1) 音 × 訓 はたけ　(2) 音 シン 訓 み　(3) 音 カ 訓 に
(4) 音 ジョウ 訓 ば　(5) 音 カイ・エ 訓 ×　(6) 音 オク 訓 や
(7) 音 ヤ 訓 の（音・訓 各1点）

第五章　熟語の読み方〔各1点・30点〕

①
(1) えんきん　(2) しきし　(3) とおあさ　(4) いろがみ　(5) じぬし
(6) だいどころ　(7) けしいん　(8) ふるほん

②
(1) C　(2) D　(3) C　(4) B　(5) C　(6) D　(7) C　(8) B
(9) D　(10) A

③
(1) エキイン　(2) あさひ　(3) はたサク　(4) にモツ　(5) チャクセキ
(6) シあい　(7) テンゴク　(8) あぶらエ　(9) ヤクめ　(10) かなグ
(11) ばショ　(12) ニクや

第六章　熟語のなりたち〔①～③各1点・④各2点・30点〕

①
(1)（昼）夜　(2)（前）後　(3)（天）地　(4)（強）弱　(5)（多）少　(6)（大）小
(7)（長）短　(8)（始）終

② (1) 不（足） (2) 無（理） (3) 未（来） (4) 不（良） (5) 非（番）
(6) 未・不（定） (7) 無（名） (8) 非・無（常）

③ (1) （道）路 (2) 思（考） (3) （身）体 (4) （幸）福 (5) 完（全） (6) （進）行

④ (1) ウ (2) エ (3) ア (4) イ （各2点）

第七章　同類語・反対語〔各1点・30点〕

① (1) イ (2) ア (3) ア (4) イ (5) エ (6) ウ (7) ア (8) ウ
(9) エ (10) イ

② (1) ウ (2) カ (3) ア (4) オ (5) エ (6) キ (7) イ (8) ク

③ (1) ク (2) サ (3) オ (4) カ (5) ス (6) ケ (7) セ (8) イ
(9) ア (10) ウ (11) キ (12) ソ

第八章　三字熟語・四字熟語〔①・②・③・⑤・⑥各1点・④完答2点・30点〕

① (1) 雪―景色 (2) 理想―的 (3) 衣―食―住 (4) 原始―林 (5) 表―面積
(6) 過―保護 （各1点）

② (1) 愛読｜書〔あいどくしょ〕 (2) 共通｜語〔きょうつうご〕 (3) 大黒｜柱〔だいこくばしら〕
(4) 意気｜地〔いくじ〕 （漢字・読み完答　各1点）

③ (1) 不 (2) 未 (3) 無 (4) 不 (5) 未 (6) 不（無） (7) 不 (8) 非

(9) 無　(10) 非　（各1点）

④ (1)・(5)・(6)・(8)　（完答　2点）

⑤ (1) 十人十色　(2) 三寒四温　(3) 一朝一夕　(4) 一日千（三）秋　（二つの漢数字両方できて各1点）

⑥ (1) 公明正大〔こうめいせいだい〕　(2) 日進月歩〔にっしんげっぽ〕
(3) 前代未聞〔ぜんだいみもん〕　(4) 単刀直入〔たんとうちょくにゅう〕（漢字・読み完答　各1点）

第九章　慣用句〔各1点・30点〕

① (1) エ　(2) イ　(3) ア　(4) ウ

② (1) イ　(2) ウ　(3) ア　(4) エ

③ (1) カ　(2) ク　(3) コ　(4) ウ　(5) ケ　(6) シ　(7) エ　(8) ア　(9) オ
(10) キ　(11) サ　(12) イ

④ (1) ぼう　(2) とり　(3) どろ　(4) とんぼ　(5) 火　(6) さび　(7) たこ
(8) たんこぶ　(9) 皿　(10) 三角

第十章　ことわざ・語句の知識〔各1点・30点〕

① (1) 三　(2) 一　(3) 五　(4) 百　(5) 二

② (1) ウ　(2) オ　(3) ア　(4) エ　(5) イ

③ (1) えくぼ　(2) 水　(3) 花　(4) まこと　(5) たか　(6) 都　(7) 目
(8) くい　(9) 山　(10) たすき

④ (1) キ　(2) ウ　(3) カ　(4) ケ　(5) ア　(6) オ　(7) コ　(8) イ
(9) ク　(10) エ

第十一章　文のなりたち（①完答2点・その他は各1点・30点）

① それからみんなでママの作ったスープを食べました。夕方の光が窓からさしこんでいます。パンはパパが焼きました。できたてでまだほかほかです。　（完答　2点）
（文の数）四つ

② (1) 三　(2) 三　(3) 四　(4) 六　(5) 七

③ (1) B　(2) A　(3) A　(4) C　(5) B　(6) C　(7) A　(8) B

④ (1)（主・述）エ・ク　(2)（主・述）エ・イ　(3)（主・述）ウ・オ
(4)（主・述）ア・×　(5)（主・述）×・ク　（完答　各1点）

⑤ (1)（文節数）4　（主語）チューリップが　（述語）きれいです
(2)（文節数）5　（主語）小鳥が　（述語）とまった
(3)（文節数）6　（主語）ちぎれ雲が　（述語）うかびます
(4)（文節数）5　（主語）ポチは　（述語）犬です
(5)（文節数）7　（主語）なし　（述語）思った　（文節数　各1点・主述完答　各1点）

第十二章　敬語〔①・②各2点・③・④各1点・30点〕

① (1) C　(2) A　(3) B　(4) A　(5) C

② (1) ×　(2) ×　(3) ×　(4) ○　(5) ○

③ (1) ア　(2) ア　(3) ウ

④ (1) いらっしゃった　(2) 父はおりません（「父」の部分で1点・「おりません」の部分で1点ずつ）

(3) いただいた　(4) うかがって　(5) おっしゃいました　(6) ごらんになり

入試問題にチャレンジ！《模範解答》

8割（16点）以上得点できるように、くりかえし練習しましょう。

①国語辞典の引き方

1 ウ→ア→イ　2 ウ→ア→イ　3 イ→ウ→ア　4 ウ→イ→ア　5 ウ→イ→ア

②漢字の部首・かなづかい・送りがな

問1　① さんずい　② まだれ　③ にくづき　④ りっしんべん　⑤ おおざと

問2　① ケ　② カ　③ ク　④ サ　⑤ イ

問3　イ ◯　ロ ×　ハ ×　ニ ×　ホ ×

問4　① ア （重）ねる　イ （重）い　② ア （覚）ます　イ （覚）える

③ ア （着）る　イ （着）く

③四字熟語

① 5　② 11　③ 2　④ 1　⑤ 10　⑥ 9　⑦ 5　⑧ 4・13

④慣用句

問1　A　ない　B　いれ　C　さめる　D　ぬける
問2　1　イ　2　ア　3　ウ　4　オ
問3　1　乗る　2　上げる　3　後ろ　4　ねこ

⑤ことわざ・語句の知識

問1　1　A　イ　B　オ　2　A　オ　B　カ　3　A　ウ　B　ウ
問2　1　キ　2　カ　3　オ　4　ウ　5　イ　6　ア　7　エ

⑥文のなりたち

問1　1　主語　山は　述語　きれいだね　2　主語　×　2　着いたよ
3　主語　×　述語　泳ぎました　4　主語　かれも　述語　いた
5　主語　太郎君だけ　述語　やってきた
問2　エ
問3　①　行きたいようだ　②　行われました　③　勉強させます　④　食べさせましょう

⑦敬語

問1　①　申します　②　うかがいたい　③　送っていただけませんか
問2　記号　ハ　正しい表現　ごらんになりました

啓明館が紡ぐ　小学国語　ことばの学習（基礎篇）

2024年3月20日　初版第1刷発行

編　集：啓明館　教材開発室
発行者：荻原太志
発行所：株式会社　みらい
〒500-8137　岐阜市東興町40番地　第５澤田ビル
TEL 058-247-1227（代）
https://www.mirai-inc.jp/
印刷・製本：サンメッセ株式会社

ISBN978-4-86015-627-5　C6081

定価はカバーに表示してあります。

乱丁本・落丁本はお取り替えいたします。

啓明館の本

国語

「小学国語」
（みらい）
好評発売中

読解の基礎
（3 年〜5 年向け）

読解の応用
（4 年〜6 年向け）

読解の完成
（5 年・6 年向け）

社会

「小学社会」
「中学入試」
（みらい）
好評発売中

日本の歴史【第2版】

日本の地理【第4版】

現代社会【第4版】

算数

「秘伝の算数」
（東京出版）
好評発売中

入門編（4・5 年用）

応用編（5・6 年用）

発展編（6 年・受験用）

理科

「教養のための理科」
（誠文堂新光社）
好評発売中

基礎編

応用編 Ⅰ

応用編 Ⅱ

受験編